武術の実践哲学

宇城空手

宇城憲治

武術の実践哲学

宇城空手

宇城憲治

発刊にあたって

本書は、『武道の原点』（二〇〇〇年）、『武術空手の知と実践』（二〇〇一年）、『武術空手への道』（二〇〇三年）の三冊を再編集の上、一つにまとめ、著者の宇城憲治氏に加筆、推敲いただいたものです。

すでに『武道の原点』発刊から二十年の歳月が経っていますが、実は、『武道の原点』には、当時弊社が発行していた季刊誌『合気ニュース』（季刊『道』の前身）に掲載された一九九三年の記事も含まれているので、正確には二〇〇〇年よりさらに七年も前の発信だったことになります。

この三冊は発売当初から、あらゆる流儀・会派の空手道修業者のみでなく、他武道の修業者や、武道経験のない一般の方々にも熱心に読まれてきました。

それは、その内容には、一流儀・会派の内容にとどまらず、本来の武術とは何か、師とは何か、修業とは何か、すなわちその本質が、実践をベースにした理論で展開されているだけでなく、企業のトップとして、またエレクトロニクス分野における最先端の技術者として、第一線で活躍してきた氏の、幅広い経験と視野からくる、日常のあり方、人としてのあり方、リーダーとしてのあり方、ひいては人間どう生きるべきかにつながる「実践哲学」が貫かれていたからです。

本書で展開されている、稽古のフィードバックシステムや上達の非可逆プロセスなどのコンセプトは、長年電源開発にたずさわってきた技術者としての氏の誠実な姿勢からくる独自のものです。それは、とくに電源設計においては、感電は人の死につながるということで「人命の保障」、さらに電源のショートは火災につながるということで「財産の保障」、この二つの憲章を片時も忘れてはならないというなかで、「絶対に不良品は出さない。事故を起こしてはならない」という氏の信念が確固としてありました。

それゆえに、ただ伝統を受け継ぐだけでなく、常に自らをあらゆる角度で検証し、昔で言えば生か死かの次元で、今で言えば、いいかげんは許さない、絶対に関わった人を衛(まも)るのだという厳しさ、その姿勢を貫いている。驚くのは、そうした覚悟で実践し、また発信されてきた内容は、年月を経た今でも強いメッセージを放ち、全くぶれていないということです。

そうした宇城氏の実践哲学を末永く後世に残していきたいという強い思いとともに、ますます厳しい時代に突入する今の日本において、ぶれずに逃げずに、自分の人生を堂々と生きるための指南書として、一人でも多くの方に読んでいただきたいと願い、本書発刊に至りました。

本書が多くの方々の今を生き抜く原動力になることを願ってやみません。

二〇二〇年六月

どう出版　編集長　木村郁子

武術の実践哲学　宇城空手　――――目次

目次

第四章　呼吸と呼吸力　127

第五章 型と分解組手・組手 149

第一章

武道の原点

武道を学ぶということ

入門動機について

習い事をする時は、それぞれに「始めるきっかけ（動機）」があり、とくに武道のような習い事については、何と言っても「強くなりたい」がほとんどだと思います。まさに若さ故の動機でもあります。それはそれなりに非常に大切ですが、それ以上に重要なのが、

①　師となる人のレベル
②　流儀・流派のレベル
③　自分の置かれている環境
④　自分の持っている価値観・思想

です。

①②については、いい意味でも悪い意味でも、最初の師や流儀・流派によって自分の技術が将来に向けて構築されていく可能性が高く、また最初に身につき習得した技術というのは、なかなか抜けるものではありません。それだけに最初の師となる人との出会いは非常に大事で、そ

の後の展開において運命のような一面があると言えます。

そのような運命を感じさせる師や流儀・流派との出合いは、意識・無意識にかかわらず、その時の自分のあり方、とくに④によって決まってくると思います。また入門者の運命を担う側の師や流儀・流派も、裏を返せばそれだけ責任があるということであり、自覚が必要ではないかと思います。

技のレベルについて

以上のような諸々の状況下で、入門し修業していくわけですが、「上達の度合い」と「技のレベル」については、自分が所属している流儀の中でも流祖による伝統の差が出てきますし、他流儀との間はもちろん、ルールの違う他武道との間では、さらなる差が出てくるのではないでしょうか。

一つの流儀・流派に決めて稽古をしていくにあたって、念頭に置かなければならないことは、「上達の度合い」と「技のレベル」とは尺度が違うので、混同しないようにすべきだということです。「技のレベル」というのは相対的尺度での概念であり、一方「上達の度合い」というのは絶対的尺度での概念であると思います。

ところが実際は、技の内容、レベルについては、各流儀・流派で価値観・思想の違いがあり、タテ軸の尺度（スケール）を、どう取るかが非常に難しく、本質的に相対比較ができないのが現状ではないかと思います。

心を広くして考えるなら、少なくとも「武道」の場合はタテ軸に技のレベルを取り、それぞれ価値観・思想の違いはあっても、技術の深さ、向上を目指す交流ができてもいいのではないかと考えます。

空手観が変わったきっかけ

私が空手を始めたのは大学入学と同時ですが、環境的には伯父が少林寺空手の師範をし、従姉妹（いとこ）は当時女性ではめずらしい黒帯で、また美人空手家として女性雑誌に取り上げられるなど有名でした。親父は材木商をやっており、個性ある男連中を何十人も雇っており、迫力ある世界でした。そういう環境にあったことと、武術に興味を持っていましたので、大学の空手部には自然体で入部しました。当初、五、六十人の部員も卒業時には五人になっていました。

私は大学に二年残りましたが、五年目の時、第二回全日本空手道選手権大会（於日本武道館）に最年少で出場しました。またそれ以前にも、いろいろな大会に出場していましたが、卒業後、宮崎から大阪に移り、昭和五十年頃から次第にそれまでの空手に疑問を感じるようになりました。

そのきっかけは、座波仁吉先生との出会いです。座波先生の直々のお話や演武、さらには実際の組手・投げ・関節技などの手ほどきを受けて感動し、それまでの空手に対する見方が変わっていきました。

その当時の具体的な事例をいくつか述べますと、大阪の中央体育館で全日本学生個人選手権大会があり、後輩が全九州代表で出るという連絡がありましたので、先生と一緒に応援に行きました。試合が進むなか、後輩と拓大生の対戦時、後輩が一回フェイントをかけた瞬間、先生が「危ない、蹴られるぞ」と。そのとたん、後輩は二回ほど上段回し蹴りをくらい、その場でダウンしていました。行って見ますと、後輩のアゴの骨は二ヵ所折れ、一ヵ所はヒビが入っていました。

また大阪府立体育館での全国大会の折、やはり先生と本部席で一緒に拝見させてもらったのですが、型試合の時、「あの選手が優勝するだろうな」と言われました。案の定、その選手が優勝しました。しかし、「武道からすると疑問だな」と先生はさりげなく言われたのです。

また先生のご自宅で組手をしていて、構えたとたん、「宇城君、次は蹴りか」「次は突きか」と先々に言われるので、ドキッとする反面、なぜわかるのかが不思議でした。それでその理由を聞いたところ、「その構えでは蹴りしかできない」とか「突きしかできない」と言われました。自分ではわからないのですが、たしかにその瞬間は蹴りか突きしかできませんでした。

そういう具合に、具体的な行動を通して、驚き感動していくなかで、「これは何か違うぞ」という気持ちになっていったわけです。

それからの空手

それからは不思議なもので、それまで見えなかった部分が見えるようになり、また違いがわかるようになっていきました。とくにスピードと威力についての考えは、それまでとは完全に変わりました。はっきり言えば、間違っていたと言ってもいいくらいです。

それからが大変でした。見る眼も変わり、意味もわかってきたのですが、動きや技がなかなかそうならないのです。いわゆる今までやってきたものが抜けないのです。それからというものは「今までやってきたものを忘れる努力」と「新しい変化への努力」の二つを同時進行させていく毎日でした。

稽古は厳しいものでしたが、希望ができましたから、苦しさの中にも楽しみがありました。それは先生のような突き・動きができる第一歩を踏み出せたのだから、という思いがあったからです。

スピード・威力とは何か。

それまでは力による空手でした。その力が、かえって上達の邪魔をしていることがわかったのです。それからは力は不用の空手です。よく先生から「力を抜け」と言われましたが、力を抜くとフヌケになり、力の抜き方がわからず苦労しました。威力というのは、スピードから出てくるもの、すなわち瞬発力であることがわかり、そのスピードというのは武道としての正しい姿勢から、しかも作らずに自然に出てくるものであることがわかりました。

この部分の理解は、武術空手を学ぶ上で非常に重要であり、技のレベルにおいて大きな差となります。

座波先生が審査会の時によく言われた三つの言葉があります。

一に「眼」
二に「姿勢」
三に「瞬発力」

この三つの言葉を常に自分自身はもちろん、指導する時も肝に銘じ大事にしています。

型が教えてくれること

型とは、すなわち極意の集積、かつその人になじむ自然体の実戦技を教えてくれる源泉です。したがって宇城空手では、型＝実戦技ということで、型を大事にし、かつ左記の五つの型を指定型（古伝の型）として重要視しています。

①三戦（サンチン　那覇手の基本型）
②内歩進（ナイファンチン　首里手の基本型）
③抜塞（パッサイ　知花伝）
④公相君（クーサンクー　松村　多和田伝）
⑤十三（セイサン）

そのほか、平安初段、二段、三段、四段、五段、ゲキサイ一、二、アーナンコ、ソーチン、チントー、スーパーリンパー、セイエンチン、セーパイ……などの型も一通り教えていただきましたが、基本的には先の五つの型をマスターすれば、他の多くの型はそれに包括されると考えています。

型を数多く覚えることより、少ない型でまず姿勢を作り、少数の型からいかに技を多様に繰り出すかという、技の深さを身につけることが大事であるわけです。すなわち、いかなる場合でも自在に変化、対応するには少数の型にしぼることで、その分深さを求めていくほうが合理的と考えます。

そういう意味から、宇城空手は五つの古伝の型を重要視し、型はもちろん、各型の「基本分解組手（表と裏）」、さらに「変化分解組手（表と裏）」、そして「応用分解組手」と修業*しています。型ではとくに、武道としての姿勢作りを重要視します。これは武道としての正しい姿勢から、スピード、瞬発力が生まれ、さらに理に適った技が形成されるからです。

座波先生がよく言われた言葉に、

「型は美しく、技は心で」

があります。

「型は作ってはいけない、自然の力でやりなさい。その自然の力、自然のスピードが真の威力である」ということです。非常に奥の深い言葉です。

宇城空手の特徴に、投げ・はずし・関節技があります。これらは柔道、合気道、拳法、柔術などにもありますが、技の運用が違うように思います。宇城空手の投げ・はずし・関節技は力を決して使わず、原理的には自然の法則、物理の法則、人間の心理法則に従うものです。

また、宇城空手の攻撃は、触れると斬られるという刃物扱いを想定するものです。その刃物を想定した相手に対して、投げ・はずし・関節技をかけるわけですから、決して力まかせではできません。もちろん、スピード、体の変化は言うまでもありません。

また関節技や投げ技の稽古の場合、相手に思いきって掴むように言っています。その上で技をかける稽古をします。つまり、相手に手加減をさせてはだめだということです。またいろいろなはずし方がありますが、武道ですから、はずすだけでなく、はずした時に相手の二の手を封じていなければなりません。

こういうことは型が教えてくれます。型をやっているなかで、状況に応じた動きというものが自然と出てくるからです。

年を重ねるにつれ、力とスピードはなくなりますが、武術空手の場合は逆に、力に頼らない自然の瞬発力や自然の動き・技が出てくるようになり、動きも威力も増してきます。

その人に合った技というのは、先に述べた五つの型を修業することによって生まれてきます。すべての源泉は、この古伝の型に秘められているということです。したがって型は変えてはいけない、変えることなく、正確に学び伝える必要があります。


（＊注）武道としての正しい姿勢は、理に適っていることが重要である。見かけ上のきれいな姿勢ではなく、武道としての美しい姿勢でなければならない。それは岸壁に生える自然の松は美しく、盆栽の松はきれいのように。

スポーツ空手と武術空手

現在、空手には多数の型があり、また全日本空手道連盟には制定型という型があり、試合、審査会等において、この制定型は避けて通ることができません。本来この型が組手の土台となるはずですが、現状では組手試合になると、型からの技はほとんど使われていません。つまり、組手では型から出た技・動きではなく、試合のルールに沿ってポイントを取りやすい動き、つまり単にその人が馴れている動き、あるいは使いやすい動きとなってしまっているのです。ですから術としての技ではなくなっているわけです。

スポーツはその決められたルールの中で勝負をしますが、武術というのはルールなしの実戦です。ですから、武術では技を身につける、相手を見抜く力が必要です。

スポーツ化されると武術性というものがなくなります。それは、スポーツでは試合があり、そのルールに空手の内容が引っ張られていき、その結果、技が薄くなっていくからです。

たとえば、近代空手の試合では、直線的な突き・蹴りが多く、また自由組手の稽古もそのような突き・蹴りの稽古に終始しているように見えます。それではいつまでたっても技は身につかないと思います。

宇城空手では自由組手の中で型の技をできるだけ使うように指導しています。その時は、勝った負けたではなく、型の技をどれだけ使えたかを見ます。そういう練習をしていくなかで、自然とその人に合った技、その人に合った力の取り方ができていくのです。

技を身につける、また技を磨くという意味では、スポーツ組手のような勝敗にとらわれた稽古ではかえって逆効果になると言えます。

型は組手の中で使えてはじめて生きる。そのためには型を通して技を身につけ、術としての変化応用ができることが必要です。それが武術武道ではないかと思います。

現在、空手における「型」と「組手」は別のものであるという見方をする人は多いのですが、今述べたように、実際は「型」にこそ「実戦の技」が集積されており、「型」すなわち「実戦」と言っても過言ではなく、「型」にこそ、力に頼らない自然の動き・瞬発力・技が無限に秘められているのです。

こういうことがわかってきたのは座波先生の空手に触れてからです。それまではスポーツ空手の世界しか知りませんでしたので、違いをわかろうにもわかりませんでした。今、当時の自分の動きを見ますと、力だけの空手をやっていて恥ずかしい限りです。今は、スピードの違いがわかっているので、自然体から、事の起こりはゆっくりみたいですが、実際はスピードのある動きが出せています。スピードというより瞬発力という表現が適切かもしれません。

次の文献は空手の大家、摩文仁賢和（まぶにけんわ）先生（一八八九〜一九五二）によって書かれた「型の意義」を示したものです。沖縄古伝空手の真髄を見ることができます。

『空手の型は技術的見地から言えば武器の宝庫であります。

空手は武器なき武術ではありますが我が手足の働かし方によってこれを武器に変ぜしむるものであります。手足の働かし方即ち技法は型という蔵の中に無尽蔵に貯えられています。空手は型という倉庫が幾棟もあって、それぞれ異った武器が貯蔵されておりますからその中から如何なる武器でも自由に持ち出して来て、それを表からだけでなく裏から、そのまた裏からと活用法を考え、その用法に熟練すれば千変万化の秘術を我がものとすることができます。

型を重要視せず組手第一主義を唱える人には、往々にして、さも天来の妙技を発見したるが如く得々としてある技法を誇示することがあります。しかしその技法たるや決して天来の妙技法でもなければその人の新発明でもなくして、古人が型という倉庫のどの棟かの中にチャンと入れておいたものに過ぎない場合がいくらもあるのであります。我々がよく注意して多くの型を学び、そのなかの技法を表裏から研究し更にその変化を考えていけば、恐らくはぜんぜん新発見とすべき技法はなかろうと思われます。空手の型を重要視せずして組手第一主義を唱える人は、その点を深く反省すべきだろうと思います。』

『攻防拳法　空手道入門』　摩文仁賢和　仲宗根源和共著　榕樹社

武術の生命線・攻防一如

武術の絶対条件として大事なことは、武術の生命線とも言える「攻防一如」を身につけるということです。攻防一如すなわち「攻撃と防御は表裏一体」にあるということです。この言葉は重要です。というのは、この「防御」ということをどう解釈しているかで、その技のあり方、また型の解釈、組手などがすべて変わってくるからです。

宇城空手には「受け」という言葉はなく、かわりに「防御」という言葉があります。

これは武術的解釈とスポーツ的解釈の大きな認識の違いを示すいい例です。ひとことで言うなら、「受け」という言葉はスポーツ的解釈で、「防御」という言葉は武術的解釈です。

スポーツ的解釈に立つと、たとえば「左手で受けたら、すかさず右手で攻撃する」という考えが一般的です。さらに、攻撃した手はすばやく引く（突いたあと、拳を脇〔横腹〕のところまで引いてしまうこと）という形を取る。つまり、「受けは受け、攻撃は攻撃」という形を取っているのです。

スポーツ空手においてこの「引き手」が重視されているのは、試合における判定上のポイントがタイミングと残心に置かれているからです。しかし、相手が攻撃してきてそれを受けるということは、武術の世界では危険なことであるのです。宇城空手には、相手の攻撃は刃物と思えという教えがあります。刃物ですから、触れたら斬られるということです。

防御とは、「突き転じて受け」「受け転じて突き」という具合に、攻撃と防御が表裏一体でなければなりません。「攻撃は最大の防御なり」という教えがありますが、すなわち、「攻撃の裏には防御が隠されており」「防御の裏には攻撃が隠されている」ということです。

したがって攻撃した手は引くことはなく、同時に次の防御に転じる構えとなっていなければなりません。受けたら相手に入る、そうしないと実戦に通用しません。そこがスポーツ空手と武術空手の大きな違いです。

また、攻防における体勢ですが、攻防の瞬間は常に相手に二の手を出させない状態になっていることが必要です。たとえば自分は万全の体勢で攻撃したと思っても、実際は隙だらけで攻撃にもなっておらず、それどころか、かえって自殺行為になっている場合があります。

何年稽古してもスポーツはスポーツであり、武術としての空手を身につけるには、最初からその認識に立って稽古をしなければならないと思います。

そして、武術空手としての第一歩を踏み出すためには、パワーで行なう稽古やノルマで行なう稽古ではなく、量の稽古から質への稽古に、また、きれいさから美しさへの稽古に切り替える必要があります。つまり作った姿勢、力、形ではなく、自然体であることが大事なのです。正しい姿勢から自然に備わってくる力・スピードが大事であり、その正しい姿勢を作るために、型は非常に重要です。そのためにも頭の構造を切り替えないとなりません。

武術空手への目覚め

座波先生の場合は本物、すなわち沖縄の空手を幼少の頃から身につけておられますが、私の場合、空手を習った頃は、結果的にスポーツ空手をやっていたことになります。座波先生にじかに教えていただくようになり、徐々に武術空手というものがわかってきたわけです。

そういう経緯もあって、武術空手とスポーツ空手の違いがよくわかるようになりました。したがって、指導する時も、「ここがスポーツ的だから直したほうがいい」という具合に、違いを示しながら説明ができます。

しかし子供にはそういう違いを示す必要はありません。最初から本物を教えたらいいのです。子供は先生の姿をそのまま映していきます。ですから子供に教えるということは責任重大であり、また非常に勉強になります。

座波先生はよく「自分の分身を育ててはじめて自分がわかる」と言われます。それは、自分の良いところも悪いところも全部相手に映るからです。さらには教わる側も、自分の姿を鏡に映して見る時でも、その姿を見るのではなく、先生と自分のどこが違っているのかを見るようにしなければいけないと言われます。このことは上達するために大事なことだと思います。

過去になりますが、技の大発見をして得意気になり、いろいろ試したらうまくいき、ついつい自分は非常に強いと感じた時がありました。ところがその技にはさらに奥があり、座波先生のような技を持った人から見ると、それは命取りになるということを実戦を通して教えられました。武術のこわさを知ると同時に、技の深さを知りました。そのことは、長い空手史の過程において何人もの人が錯覚し、経験してきたことではなかろうかと思いました。恥ずかしい限りでした。

謙虚さこそが上達への道

それからの稽古は謙虚になり、自分自身に厳しさを求めるようになりました。何のために修業しているのか、それは人に勝つためではなく己に勝つためであるということが認識できました。武術空手の技のすごさ、奥の深さはもちろんのこと、ものの見方、考え方においても奥の深さが見えるようになり、このことも非常に大きな意味を持ちました。

単なる強い空手を目指すということではなく、その修業段階で、武術としてのものの見方、考え方、そして人間としての心も同時に変わっていくように思うこと、また変わっていくことにそのすごさを感じました。

そしてもっと謙虚に修業すれば、もっと強くなるのではないかという気持ちが出てくるのも不思議でたまりませんでした。ただ力の強さを求めたり誇ったりするだけでなく、それに伴って自分が変化していくことに感動したのも事実です。私自身、強さを他人に向けている時よりも謙虚になっている時のほうが技に対する厳しさは桁違いであり、また奥の深さを感じるように思いました。

技を持っている人、見えている人からすると、得意気になっている人の技はよく見え、また、その問題点もよくわかります。ですから、あるレベル、とくに指導する立場になった者は、そのことをよくわきまえて、謙虚さをもって、心を大きくして上達に向けて励むことが大事であると思います。

また学ぶ上においては、あるレベルに達したら「教えられて学ぶ」から「教えて学ぶ」という過程を経ることも非常に重要だと思います。

武術とは、すなわち「己がよく見え、相手の心が読める」ということではないでしょうか。そのためには、強さを誇示するのではなく、謙虚な気持ちを持つことが大事ではないかと思います。「型は美しく、技は心で」は座波先生からよく言われた教えです。

良き師との出会い

上達する上で大事なことは、一つには「己の学ぶ姿勢」であり、もう一つは「いい師にめぐり会う」ということです。いい師にめぐり会うというのは、運、不運だけではなく、最終的にはその人の心のあり方にかかってくると思います。

沖縄では弟子が自分より上手になることを先生たちが競った、と聞いています。なんと心の大きい素晴らしいことではないでしょうか。また、かつての修業の厳しさは、現在からすると比較にならないほどだったそうです。そういう厳しい修業と師の愛が、人に勝つのではなく己に勝つという精神を作り上げていったのだと思います。

そして、それこそが「修己治人（しゅうこちじん）」ではないかと思います。そのことを原点に「平和」があると思います。

座波先生との稽古において、「お願いします」と言ったとたん、「今日の稽古は終わり」と言われることがありました。「今日は疲れているから稽古してもだめだ、なれあいになるからだめだ」と。これは私の学ぶ態度が先生には見えていたためだと思います。そうかと思えば、十二時間ぶっ通しで稽古をさせられることもありました。

八十歳を過ぎた先生が自ら道着をつけ指導される時の気合いには、武道としての空手、武術空手の厳しさを感じると同時に、その素晴らしさに感動せずにはいられませんでした。

先生の年齢になってもできるというのは、「技と術」を身体が悟っているからこそで、並大抵の修業や精神では到達できるものではないと思います。当時、先生と組手をやる時、手加減はされているものの、その瞬発力、勢いに「技と術」の妙味と素晴らしさを感じました。そういう稽古を通して、先生に少しずつ近づいていくことに、自分でも感動を覚えたものです。

「一に己に厳しく、二に己に厳しく、三にも己に厳しく」と常に思っています。

物事の本質を念頭に指導

指導に対する私の考え方のひとつの例ですが、普通の人は自然の石など割れないと思っていますが、コツをつかめば小学一年生のような小さい子でも割ることができます。私の道場では、子供らを川原に遊びに連れて行った時など、全員に石を割らせています。

できないと思ったことができるというのはたいへんな感動です。一度割ると自分で石を探して挑戦するようになり、割る石の大きさもだんだん大きくなっていきます。

私が石を割らせていた目的は、誰にでも割れるのに、そのコツを教えずに「修業しないと割れない」とか、「集中力がないと割れない」などと教えるため、「石を割るからすごいな」というように、空手に対する勘違いをさせているところがあるからです。子供たちにはそれよりももっともっと先に進まなければならない挑戦があることや、奥の深さに気づいてもらいたいという思いがありました。

この体験をすることにより、子供たちはその後の人生において石を素手で割る人を見ても驚いたり疑念を持たないでしょう。しかしそういう経験をしていない人には二通りのタイプが見られます。人が素手で石を割るのを見て「すごい」と思うタイプ、片や自然の石なんか割れるはずがない、何かトリックがあるはずだという疑念の目で見てしまうタイプです。

このように人生において経験というものがいかにものの見方、考え方に影響を与えるかということがわかります。

大人から見ても不可能と思われた石を割ったという経験は、子供にとっては大きな自信となります。そしてその経験と事実は身体の経験、感触として脳にインプットされます。すなわち後述する「身体脳」にインプットされていくのです。

使えるための型と稽古法

絶対的上達とは

型は技の宝庫です。その宝をどう引き出し、そしてそれを使えるようにするにはどういった稽古をしたらよいのか。こういうことが「使えるための型と稽古法」ということになります。まず、使えるということに関し、相対的上達と絶対的上達を取り上げていきたいと思います。

基本的に、相対的上達というのは絶対的上達の結果であるということです。ところが一般的には相対的上達が中心になっています。たとえば組手で強くなったり、何かの大会で優勝したりすると、それで上達したと考える。しかしそれはアナログ的上達で、決してデジタル式の非可逆的上達とは言えません。使えるか使えないかの検証は、あくまでも相手とやることで検証しなければなりませんが、目指すのは何回やっても確実に使える、再現できるという絶対的な上達方法です。つまり、絶対的上達の「検証」として相対的な組手をやるのです。「相対的に相手と戦い、何回やっても使える」、それが「絶対的上達」ということです。

この絶対的上達、すなわち非可逆式ステップアップは、五章で述べる型と型の分解組手のフィードバックシステム稽古を通して導かれるものです。

型を原点とし、その中から使える技を創出するのが分解組手であり、さらに、その先にある

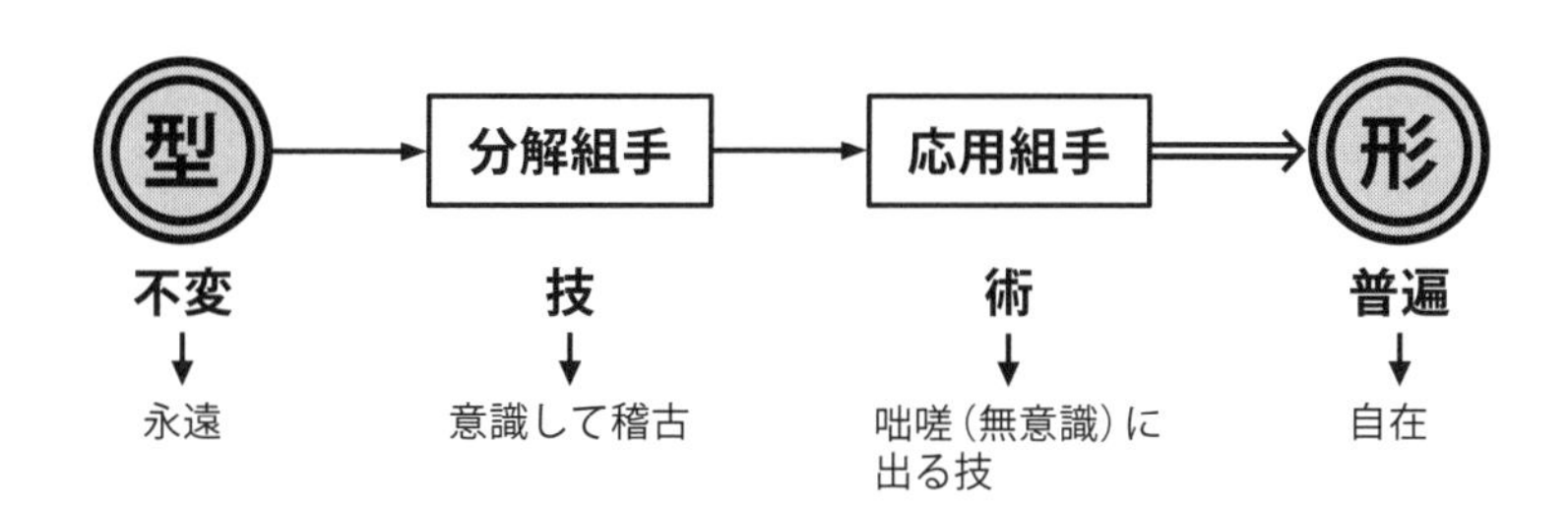

「型あって型なし、すなわち『形』なり」

図1．使えるための稽古ステップ

のが咄嗟（とっさ）に出る技・術の創出です。その検証として応用組手があるわけです。そこに至って、「型」から自在となる自分の普遍の「形」ができ上がるわけです。

技の上達というのは、身体を通して覚える必要があります。頭で覚えたものは使いものになりません。そういう意味で型は一人稽古ができ、かつ身体を通して覚えるための最高の鍛練方法であります。

型から何を学ぶのか

私は武術の稽古のあり方は、危機的状況からいかに脱却するかが原点にあると考えています。つまり相手の攻撃から自分の身をいかに守るか、そういうところからスタートしたのが武術稽古であり、それは昔も今も変わらないと思います。そういう中から生み出された技、その極意の集大成が型となったと考えます。

では、その型を学ぶために我々はどのような考え方をすればいいのか。私は型からただ学ぶのではなく、危機的状況からの脱却、また自分の身をいかに守るか、そのための方法を型を手掛かりに探る、そのような考えで稽古するべきだと考えています。

つまり、技法を学ぶのではなく、型の中にある技の使い方、すなわち「使えるか使えないか」を学ぶのが稽古だということです。それが型からの形化ということです。伝統ある不変の型から自分に合った技を見出し、使えるようにしたのが形であるということです。

使えるための五つのステップ

そこで、使えること、できることを学ぶための基準となる五つのステップを紹介します。

（写真三八〜三九頁）

①「発剛含剛」。つまり剛から剛を発する。内も外もすべて剛だということです。たとえば相手が突いてきたとすると、それを剛で受ける。これはガツンとやるわけですから痛い。とにかくすべて剛でやるのがこの第一段階です。

②「発剛含柔」。これは、第一段階でやっていた稽古から、相手の技をずらすなど、「内面の中心」を使う段階です。あくまでも外は剛ですが、中に柔らかさが出てくるのがこの第二段階です。

③「発柔含剛」。すなわち、内が剛で外に柔をつくる。たとえば投げに入る時、相手の攻撃を剛で受け止めて、次の瞬間投げに入る。投げは柔になります。

④「発柔含柔」。まさに読んで字の如く、相手の攻撃を柔で受けて、そのまま柔で包み込んでいく段階です。最初から最後まで、ただ触れられているという感じです。

⑤「発気含剛柔」では、相手が攻撃してきたらそれを気で止める。もしくは気でコントロールしてしまう。これが最終段階にあたります。

①②の段階が初伝、③④の段階が中伝、そして⑤の段階が奥伝、そういうふうに分けられるかと考えています。

ただ、この⑤の段階までくるには、あくまでも組手を通し、型を通して自ら覚えていくことが前提になります。また自転車のたとえで言いますと、乗れるようになってはじめて①の段階へのアプローチが始まるわけです。そしてステップアップする手掛かりは必ず型の中にあるわけです。付け加えておきますが、②の段階にステップアップしたら①の段階は卒業ということではなく、①の段階のレベルアップも同時にはかれるということです。とくに⑤の段階は、④の段階までの結果であると言えます。

この五つのステップは理屈ではなく、最初から最後まで「使えるか使えないか」を基準にしたステップアップだということです。

発剛含柔

相手の攻撃に対して直線で入り込んでいるところ。左手は相手の右突きを制し、右手は掌底で相手の顔面を捉えている。柔が内になければ衝突しA－3への技につながらなくなる。

発柔含柔

相手が死(し)に体(たい)になっているので、あとの処理はいかようにもなる。防御でもっとも大事なのは、相手の二の手を封じることと、死に体にさせることである。さらに死に体にさせるには見切りが絶対条件となる。

発剛含柔

相手の攻撃を見切り、相手の後ろに直線的に抜け、背中の急所に踵蹴りを入れている瞬間。

発剛含柔

相手の蹴りに対し、蹴りを見切り、中段に突きを入れている瞬間。見切ったあと、相手が死に体となっているので、中段突きは数倍の威力になる。

理論化には客観性の検証を

水の上を歩くには、理屈では片方の足が水に着く前にもう一方の足を先に進めればいいわけですが、現実にはできません。理屈や屁理屈ではない本当の理論というのは、「できる」という現実が先にあって、それがなぜできるのかということを考える時に出てくるものです。

今回紹介した五つのステップの「言葉」は、実践を通して創出された言葉であり理論です。そしてこの五段階は、今、自分がどのレベルにあって、次のステップはどのような稽古をすればいいのかという目安になります。

自分だけの稽古をしているうちは言葉は必要ないと思いますが、指導する上においては、実践に対しての補佐的な言葉がどうしても必要となってきます。さらに言葉には理論的な裏付けとなる実証性、再現性、普遍性がなければなりません。

また実践の補佐的な言葉といえども、思いつきの言葉ではだめで、実践を通しての体感によって、技の実証性、再現性、普遍性を見極めた上で、客観性のある表現としての言葉にした時にはじめて生きてくるということです。そして、常に伝統の型の中で検証していくことが重要であると思います。

たとえば、転びそうになった時は手を出しなさいと言っても、その通りに手が出るかどうかはわかりません。それは理屈だからです。要するに転んだ時にどうなるかは身体が反応するしかないのです。その反応としての結果が身体で覚えたことの結果であるわけです。それを言葉として表現し、理論展開するには、あらゆる検証が必要だということです。

使える度合いを高める稽古法

道で転ぶのはあくまでも個人的なことですが、武術というのは相手がいます。たとえば相手がガーンッと攻撃してくる、それに対してガーンッと受けるのか吸収するのか、あるいは流すのか、捌（さば）くのか、さらに奥伝の段階のように相手の攻撃に対しいかに間を制するか、すなわち時間空間の「間（ま）」をいち早く察知し、気でコントロールするのか。いずれにしろ相手の真剣な攻撃に対して身体が覚えている範囲でのそれぞれの段階の技が出ます。それが、その人の「使える」度合いとも言えるわけです。

つまり触れたところから、相手のすべての情報をキャッチして、そこから自分がどう対処するかの実践であり、そういうことが身体に備わっていることが、まさに「使える」ということになるわけです。そして「使える度合い」は、型を原点とした分解組手とそのフィードバックシステムの稽古によって高めていくことが可能となります。

型を起点とした技は一つの技から多くの変化応用ができます。実践では技を多く知っているより、少ない技で多数に変化できる方法を身につけておくことが重要です。それが使えるということです。

稽古するなかで、身体の中の一つの面、線、点、芯みたいなものをステップの段階でそれぞれ感じるようになります。つまり、まずは面があって次に線になって次に点という具合に変化していきます。最終的に点が消えた時、すなわち意識しなくなった時に、武術としての身体となるのだと思います。

座波先生のように本物の手（ティー）（空手）の環境の中で稽古された人は、最初から武術空手としての基本身体を築き上げてこられたのだと思います。つまり最初から本物の世界で稽古されているので、無駄がなかったということです。しかしそういう環境にあれば誰でもできるようになるかと言うと、そうではないと思います。私は本物の武術空手、座波空手にめぐり合えたことが幸いだったと思っています。しかしそれが本物であることに気づくかどうかは、あくまでも自分次第だと思います。

私に限らず多くの人が武術空手の立場から見ると、ある意味では間違った環境で稽古した経過があります。まず自分自身がそのことに気づいて、間違ったところから軌道修正をし、本物への道を歩むことだと思います。

間違いに気づいても、そこから脱却するには時間がかかります。またいろいろな意味で勇気がいります。しかし何事においても変化をしていくには勇気が先行しなければなりません。その変化が自分を変え、自信を生むということにつながるのではないでしょうか。

本物の道とは、伝統の型の「知と実践」にあります。それが武術空手を目指すということであります。

武術を学ぶ以上は、使えるものでなければなりません。そして、「使えるものを学ぶんだ」という信念がなければなりません。そういう人は必ず伸びると思います。そして実際に使える武術を学んでいけば、自分に自信が芽生え、自信があれば行動が変わり、自身が変わっていけると思います。

目的と手段

ここに自転車がある。買い物に行く時、自転車に乗れる人はそれを使う。乗れない人にとっては自転車は意味のない存在です。だから歩いて行く、あるいは車で行くかもしれない。自転車に乗れる人は自然に必要に応じてそれを使います。

技法というのは自転車に乗る練習のプロセスに似ており、使えるか使えないかは、自転車に乗ってからの行動と考えてもいいと思います。

これはアメリカでの体験ですが、サンフランシスコから北へ約六〇〇キロメートルの所にレディングという町があり、そこで世界的に活躍されている内垣ナーラーヤン先生（宗教・哲学・神話学研究者）に招待を受け、日帰りで往復したことがあります。ちょうど東京と大阪くらいの距離です。その時はレンタカーを使ったのですが、あとでアメリカ人にその話をしたら笑われてしまいました。そのような場合、アメリカでは飛行機を使うと。空港に行けば自家用飛行機が置いてある。もちろん、定期便も飛んでいる。日本で言えば、自家用車、バス、電車の感覚です。

移動手段の有効的な活用法というのが、距離によってそれが飛行機であったり、車であったり、自転車であったりするわけですが、武術で言うと、有効手段が意識的な技であり、活用法がすなわち無意識に出る術であり、使える度合いというのはその状況によって変わってくるので、いかに身についているかが重要になってきます。

理論を先行させてやっている人は、相手がこうきたらこうする、ああするというように、部分に目や意識がいっているので、全体が見えていない場合が多いと言えます。ですからそういう状況下にある人は、往々にして組手が弱く使えません。そういう人には「頭でなく、身体で覚えなさい」と言っています。

武術空手とは

武術と武道

武道と言えば、空手道、剣道、柔道、弓道、合気道……などのことを言います。そもそも武道とは、武術から「道」になること、つまり稽古を通しての人間形成に重きを置いてできた言葉であり、空手術から空手道、剣術から剣道、柔術から柔道という具合に、時代とともに変遷してきました。本来の「武道」のあり方は、「武術から昇華した武道」であり、現在の競技化した武道のあり方とはかなり異なっています。

武術の歴史をひもといた時、武術とは本来自分を護ることにあり、また敵を倒すことにありました。そのような生か死かという場に臨み、またそのような場を何度もくぐり抜けることによって、武術のあるべき姿は必然的に「戦わずして勝つ」という方向へ導かれていったと言えます。それがもっとも顕著になったのが、日本の戦国時代末期から江戸時代にかけてです。そして実際にその理法と技法が説かれた当時、まさにそこに「戦わずして勝つ」を裏付ける術技や心のあり方などの極意が生み出されていったと考えます。

術技はあくまでも相手を一撃のもとに倒すことを求めたものですが、そのような術技も、「覚悟」という心があってはじめて自由に使えるものでした。そうした必然から、術技と心のあり方は切っても切り離せぬものとなり、その両者の一致にこそ、真の極意があるという次元に高まっていったと言えます。

「覚悟する心」というのは、絶対的世界へ身を置くことによって得られる悟りであり、それは個々にとっての、もはや自力本願の宗教とも言えるものではなかったかと思います。剣聖と言われた多くの人々は、そのような境地をいろいろな形、言葉で残しています。

それは次のような教えにもよく表われています。

勝ちに三つの勝ちあり
「打ち込んで勝つは、下の勝ちなり
勝って打ち込むは、中の勝ちなり
戦わずして勝つは、上の勝ちなり」

生と死をかける時代背景の中でこそ、このような言葉は生まれてくるのだと思います。だからこそ、その言葉は真理であり、時代を越えて生き続けるのだと言えます。

このような教え、言葉の意味は、頭でも理解することは充分できます。しかし真の理解とは、その言葉を裏付けるプロセスの実践を経て、かつ再現してはじめて可能となります。そして本来武道というのは、このような実践、すなわち武術という実践を根源とするものであり、稽古にあたっては、武術が武道に至る経緯を決して忘れてはならないと思います。

武術空手の稽古のあり方

本来の武術としての稽古のあり方は、現代武道やスポーツとは、その理念および目標とするところが異なり、当然その稽古方法も異なります。

武術稽古の特徴は、術技の追究と同時にそれを使う人の心のあり方の追究にあり、その究極は「事理一致」にあります。それは、武術が生か死かという場をバックグラウンドにしたところから発生しているからであり、術技はもちろん、心のあり方は術技以上に重要だったと言えます。

「事」とは技であり、手、足、身体の動きのことです。「理」とは理合いであり心の働きのことです。その両者が一致することが大事であるという教えです。すなわちその「事」と「理」の一致があってはじめて武術としての術技の妙味を得ることができるということです。

その「事理一致」を目指すための稽古は、相手を敵対する者として意識するところからの脱却にあり、それには型稽古を本質とした絶対的世界に身を置く稽古が望ましいと考えます。

組手を主体にした稽古は相対的世界になりやすく、「事理一致」に至るには難しいところがあります。一方、型を本質とした稽古は、「事理一致」の実践には非常に効果的です。

歴史的産物である古伝の型は、極意とも言うべき術技の集積です。その型の意味と意義を型稽古を通して理解し、さらに型の中の技を二人の攻防分解組手によって検証しながら、「不変の型から自在に使いこなせる自分の形」にしていきます。

このようなプロセスを踏んではじめて、組手に使える術技が創出されます。このプロセスの実践が武術稽古ということになります。型は技の宝庫ではありますが、型から形にしなくては宝の持ち腐れとなってしまいます。

昭和十五年に全剣連副会長であった結城令聞氏が、昭和初期の剣道の修業のあり方について『剣禅一如　沢庵和尚の教え』で述べている一文がありますが、そこからはいつの時代も、「事理一致」の修業が大きな課題であったことが読み取れます。最後のほうに江戸時代の沢庵和尚のことにも触れていて、考えさせるものがあります。

『・・・(略) 今日程、剣道が正当に取り扱われていない時代もまた稀であると考える。何のために剣を修行するかと云えば、多くは体育のためである。剣道を野球や庭球と同様に扱っているのは、新聞の運動欄だけではないのである。正しい剣道を指導していかねばならぬ官庁や学校でも、体育課中の一課として扱っているのである。あたかも禅宗が静坐坐禅をするから、禅宗は静坐法の一種だというのと同様な誤りを犯しているものが、しかも指導者の中にある程である。指導者的地位にあるところが既にそうである。余他の剣道に関する認識の誤りは、推しては知るべしである。

剣道専門家の、なげきの種となっている如上の剣道への誤認ということは、何に起因するのであろうか。それは剣道に於ける理の修行の欠如に基くと考えるのは、恐らく予一人ではなかろうと考える。今日の剣道教育なるものは、事の修行には相当に努力が払われている。

しかし理の修行が、事の修行に伴っていないことを如何せんである。理の修行の伴わざる事の修行は、あたかも騎主なき奔馬（勢いよく走る）の如きものであって、正しき目的よりそれることがあり、往々にして折角の辛苦苦労を徒爾（むだであること）ならしめることのあることは上述の如くである。・・・（中略）吾々は、沢庵が理事両様の修行の中、殊に理の修行ということによって、当時の剣道界に魂を吹き込んだことは、誠に当を得たものであり、また意味のあったことだと深く敬服するものである。』

「事理一致」に見る実践哲学

この「事理一致」というのは、なにも武術の世界だけのことではなく、あらゆる分野に通じると考えられます。「事理一致」をわかりやすくたとえると、「ハード」と「ソフト」の調和・融合と言えます。いくら素晴らしいハードやソフトがあっても、そのどちらかが欠ければ全く意味がないものになってしまいます。ＣＤという素晴らしいソフトがあっても、それを聞くためのＣＤプレーヤーというハードがなければ意味をなしません。

そして、ソフトとハードのバランスある調和・融合、それに人の心の働きがあって、その次元はさらに高まっていきます。そのプロセスにおいて相対的世界から絶対的世界への変化が起こり、今までにないものが創造されていきます。一口で言えば魅力あるものを創り出していくということです。これが発信であり、発信があるからさらなる調和・融合があるわけです。

相対的世界から絶対的世界への変化によって創造があり、発信があり、融合が始まる。わかりやすく言うと次のようなことです。

音楽などの、人が耳で聴くことのできる可聴周波数は20Hz(ヘルツ)〜2万Hzと言われています。したがってCDなどは、この周波数範囲内で収録されています。ところがDVDは、周波数約10万Hzの収録が可能です。

一方「周波数2万Hz以上の音波には人間を感動させる効果がある」ということを主張されている方がいて、実際、高周波成分を多く含むインドネシアの民族音楽を素材に、そのままの録音と高周波成分をカットした録音を聴き比べる実験をした結果、高周波成分をカットしないそのままの音響を聴いた人の脳には、快適と感じる時に現われることでよく知られる、アルファ波という脳波が強く現われたということです。

この、DVDという10万Hzまでの収録を可能にしたハードと、可聴域が2万Hz以上だと人を感動させる効果があるという科学、すなわちソフトとの融合によって新しい創造があり、それによって発信があり、その発信によって水平統合という融合につながっていきます。またこのDVDハードの技術の裏に、高精度レーザー・LEDという開発があったからこそ、ハード、ソフトの一致、すなわち「事理一致」が可能になったわけです。

最近、野球、ゴルフ、テニス、格闘技、音楽等のプロの方々とご縁があるのですが、「事理一致」について言葉だけの説明ではなく、「百聞は一見に如(し)かず、百見は一触に如(し)かず」の「一触」という方法で技を感じてもらった結果、今までと異なる新鮮な感覚を得ていただいたように思っています。このように武術以外の分野でも、この「事理一致」の導入によって、現状からの大きな飛躍が起こると思っています。

この「事理一致」については、相対的思考から絶対的思考への転換が必要です。わかりやすく言うと、ナンバーワンからオンリーワンを目指すということです。

昨日できなかったことが今日できる、今日できなかったことが明日はできるかもしれない。その変化成長が感動であり、ひとつの悟りだと思います。ですから、稽古、練習は厳しくても充実感があり、続けられるわけです。

相対的世界では、追究することが結果的に分析的になりがちです。諸動作を分析し、それに必要な強化トレーニングをしたとしても、それが逆に身体をバラバラにする危険性があります。人の動きは複雑であり、ましてや技となると、その複雑さは無限です。

武術の世界では、分析することよりも統合して捉えることが大事です。「事理一致」は「事」の統合からさらに「事」と「理」の統合を教えているわけです。生と死の中での実践を原点とする武術にとり、「事理一致」という次元での捉え方は必然だったと思います。

「事理一致」は最大の統合であり、それは相対から絶対の世界への転換をもたらします。絶対の世界とは調和・融合の世界であり、調和しているから相手が見え、間（ま）をコントロールすることができ、相手の動きにこちらの動きを合わせたりはずしたりすることができます。武術の場合、この合わせたりはずしたりして相手に対して常に先（せん）を取ることで勝ちを収めるわけです。

型によって導かれる内面の気づき

型稽古の重要性は、まず型としての外面であり、次に内面の気づきによる身体の統一であり、さらに内外面の一致ということにあります。その中でも目に見えない内面の気づきは重要で、型の稽古を続けていると、ある時点から意識が外面から身体の内面へ移行し始めます。それは型をすることによって自然に気づくというものです。

その気づきの特徴は、身体を統一体*として捉え、部分と全体が連鎖しているというものです。つまり部分的な動作であっても、その動作が全体に連鎖しており、最大効率の身体動作を生み出すことにつながっているということです。たとえ指の先であっても、それは統一体としての指先であるという感覚です。このような内面の意識は型という外面があるから可能となるもので、もし外面の型がなく内面の意識だけであると、部分的なものとなってしまいます。

その統一体としての最大の役割を担っているのが身体の呼吸です。この身体の呼吸はさらに統一体としての集中力を創り出し、それが「気」になります。ここに型の最大の特徴があります。ところが組手稽古を主体にすると、相対の意識が強くなるため外面が主となり、内面の気づきによってできる身体の呼吸に至るにはほど遠くなってしまいます。

サンチンの型における突きについて言えば、「呼吸に合わせて突きをする」「突きに合わせて呼吸をする」、このどちらでもなく、内面の気づきによる身体の統一によって「呼吸と突きが一致する」ことが必要です。このことによって突きの威力は生まれます。しかし初心のうちは往々にして意識が先行し、意識に支配された外面の動きが主体となり、それで満足してしまいます。外面を主体としている時は部分的なパワーとなり、突きにしても内面のエネルギーを伴っていないためその突きは軽く、威力はありません。しかし内面の気づきと言えども、それが我流となっては意味がありません。

ここに、型稽古の重要な意義があります。

そのような内面への気づきを促す方法として「一触」があります。言葉という手段もありますが、見えないものを言葉で表現するにあたっては、どの程度それが可能かという問題があります。それは、統一体としての複雑なつながりは言葉で説明できるようなものではないからです。たとえば全体のつながりとして「連動」という言葉を使えば非常にシンプルでわかりやすく理解はできますが、言葉としてわかったということと、連動という内面の働きがわかることとは意味が違います。真の連動は、身体を通しての実践を伴わない限りわかるものではありません。言葉による伝達の難しさ、さらには危険性もここにあります。

しかし、「一触」があってはじめて言葉も補助手段として生かされます。

「型」は鋳型であり不変であるからこそ、自分をその型にはめようとした時、自分の身体が自

＊統一体　身体をバラバラの部分的ではなく、最初から一つであると捉えるあり方。また身体のみでなく心と身体も一致している状態を指す。内面の働きを一つにすることで身体に「気」がめぐり活性化した状態。著者創案の用語。

由にならないことに気づきます。その自由にならない要因を求めるなかで内面への気づきが始まります。内面への気づきは部分から全体へ拡がり、その本質が呼吸にあるという認識へ導いてくれるのです。

武術空手の突き「当破（あては）」

学生の頃の、最年少で出場した第二回全日本空手道選手権大会（一九七一年十月、於日本武道館）当時は、座波先生の突きのすごさは全くわかっていませんでした。社会人になって直々に教えていただく機会を得た頃から、次第に先生の突きは他の人の突きと何かが違うことに気づき始めました。

その意識をもって稽古しているうちに、その違いが少しずつ見えるようになっていきました。それまでは自分の突きの延長線上にあるさらに高い次元に先生の突きがあると思っていたのですが、スタート時点から全く別の線であることに気づいたのです。すなわち先生の突きは「当破（あては）」だったという気づきです。

当時は「当破」という言葉すら知りませんでした。またその言葉は沖縄の空手のどの本にも出ていませんでした。それを、突きは「当破」でなければいけないと、はじめて先生から聞いたのです。一部の先達の口伝（くでん）だったのかもしれません。

「当破」とは柔から出る剛であり、かつ瞬発力を伴うものです。字の如く急所に当てて打ち破るというものです。

攻撃の相手に応じて、あるいは相手の武器が真剣であったり木刀であったり竹刀であったりするなかで、必然的にそれに応じ防御が生まれます。素手の武術空手では自分の突きのレベルがそのまま防御技のレベルになります。その時点での突きの瞬発力、威力の度合いが、そのまま防御技の身体動作となるからです。したがってスポーツ的な空手の突きに対する防御と、武術空手の突き「当破」に対しての防御では、その防御の内容が全く異なります。

現代空手の突きは直線的であり、スピードの速い遅いはあるものの、目で追うことができます。しかし当破の突きは目で追うことはできません。そのような本質的な違いがそのまま防御技の差になるということです。

いくら相手の突きや蹴りに対しての防御の稽古を積んでスピードをつけたとしても、瞬発力の当破に対しての防御は不可能です。

当破は全身体的なものです。当破を身につけようとするなら、当破と呼ばれるだけの突きを実践している人の術理を見て、それを自分の中に焼き付け、身体でそれを感じ、実践していくほかありません。

このような当破ができる身体があってこそ、当破の防御ができるということです。それが自分の防御のレベルにもつながるのです。相手にダメージを与えるのが突きであり、相手を観念させるのが当破であります。武術の稽古は当破を基本にした攻防であることが必要です。

剣術の木刀に匹敵する空手の当破

空手の当破は木刀の打ち込み、およびその返しに匹敵します。それは当破が木刀の稽古と同じくらいの危険を伴うからです。ふつうの突きでも当たればそれなりの危険はありますが、それは「急所に当てて打ち破る」という当破の状況とは異なります。本来の当破による攻防の稽古は、「止める」ということが絶対条件になります。

木刀の場合は、たとえ相手が初心者でも、打ち込まれれば相当な危険を伴います。とくに頭部においては生命にかかわる危険を伴います。したがって当破同様、攻撃に対する防御の返しは、確実に「止める」ことができなければ相手に怪我をさせてしまいます。

木刀で打ち込んでくる相手を、木刀で打ち返し、相手の頭部スレスレで止めるのは、身体の柔の剛ができていないとかなり難しいものがあります。一般的な打ち返しは自分の意識で止めている場合が多く、真の打ち込みになりません。また止めた時点で居付いてしまい、その後の動作ができません。できたとしても二挙動となり、それは武術的動きではありません。

木刀による打ち返しの打ち込みは、意識ではなく術技としてできなければなりません。打ち込んだあとも相手を制し、相手の身体の呼吸を止めることが必要です。

このように稽古というのは厳しい状況下で行なう心構えが必要だと言えます。そういう意味合いもあって、私は稽古の時はまず木刀での打ち込みと相手の打ち込みによる打ち返しを行なうようにしています。なぜならそれが空手の当破のレベルに匹敵するからです。

木刀稽古の延長線上には真剣による稽古も考えられます。しかし現代竹刀剣道の延長線上には真剣はおろか、木刀稽古さえも見ることができません。なぜなら姿勢に問題があるからです。相手に当ててポイントを取るという姿勢は、木刀による打ち込みや、真剣による「斬る姿勢」とは、その本質が異なるからです。本来は、竹刀と言えども、その姿勢の延長線上に、木刀や真剣が「使える」というレベルになければならないはずですが、残念ながら、そのようにはなっておりません。

空手においても同様です。その突きは、素面に木刀を打ち込むのと同じくらい危険な、威力のある突き、すなわち「当破」「入り込み」でなければなりません。このような真剣な稽古によってこそ、「事理一致」の境地に達することができ、武術としての術技が使えるようになると言えます。また、このような稽古では、「できるか、できないか」が明確になります。「少しだけできる」ということはありません。「できるか、できないか」の世界です。それだけに目標もはっきりするので、稽古にやりがいが出てきます。

『山岡鉄舟　剣禅話』（一九七一年刊）に、幕末の剣聖・山岡鉄舟が「素面木刀の稽古」について、その心得を述べたものがあります。

▼剣法を修業する者の条件

『中古には、剣術修業といえば、どの流派でもみな素面で木刀によって行なっていたのである。

しかし、いまから百年ほど前になって、諸流派ははじめて面具や半首、小手、胴を使うようになった。

そのようになった理由は、防具を使えば体を練り、業を励むことができ、相手を十分に打ちこめる利点があるということにほかならない。

素面で木刀による試合では事情が異なっており、でたらめに進んでゆけば自分の身体が傷つく恐れがあるばかりか、敵の刀勢や身体に触れようとすれば、どんな者にでも届いてしまうのである。進退の動作を鋭くし、弱い調子のなかにも強く打つところ、強いなかにも弱く出るということをよく理解しなければ、素面木刀の試合をおこなうことは難しいものになってくる。

中古、諸流の剣士の中には、他流試合の場合に刃引の真剣あるいは木刀を使う者が多く、たちどころに相手を打ち倒し、切り殺した例が数え切れないほどである。それは、自分を師として剣を学ぶ者を傷つけることは、師である者のこのうえない恥であり、ふだんの稽古ではそのような教え方をしなかったからである。

しかし、剣道においては、形にはまらないことを必要とし、自在の変化ということを学ぶのであるから、変化の次第によっては、絶対に太刀が当たらないといえるものではない。

だが、優者が劣者を助けるのは天の道というべきであり、そこにはまったく疑問の余地がないではないか。それなのにどうして、あのいま流行の面小手試合は、ただ勝負だけを争うのだ。優勝劣敗は当然のことであり、面小手など使わなくても上達した者にはほとんど危険がないことぐらいははっきりしたことではないか。

とはいっても、素面木刀の試合を行なう場合、これだけは修業者が心得ていなければならないという一つの問題がある。これを慎んで守らなければ危険なことになる。面小手の試合による数年間の修業経験者は、敵の気合というものを知っているわけである。血気の修業者が腕力の拍手だけで素面木刀試合の勝負を争うとき、面小手試合をしているようなでたらめな気分で敵に向かえば、たちまち負傷するのである。このことをよく考え、工夫して試合をすれば、負傷の心配はないといえる。

素面木刀の試合で相手を殺してしまったり、負傷させたりするような人間は、とうてい剣法の真理を修業する者ではないのである。』

（明治十七年十一月）

このような心掛けで稽古することは、現代と言えども重要なことではないかと考えます。剣の強さを求めるならば、心の強さを求めなければならず、心の強さを求めるのであれば、剣の強さを求める必要があり、すなわち術技と心は一体でなければならないということです。武術稽古の本質はここにあり、現在もっとも欠けているのは、この部分ではないかと思います。

武術稽古の魅力

現在の社会においては勝とうとする競争意識が先行し、お互いに助け合うという協調の心は希薄になっています。しかし、真のところでは、勝とうとする精神より、協調する心のほうが強いということを、武術は教えてくれています。

それ故に、今のような相対性の強い現状においてこそ、武術稽古は重要な意味があると思います。武術稽古を通して得られる強い心と強い身体、さらにその心身のバランスは、自信を生み出し、強い希望を与えてくれるからです。それは、武術稽古の本質が絶対的世界に身を置くことにあるからです。

絶対的世界とは競争原理を乗り越えたところにあります。それは、人に勝つことより自分に勝つことであり、すなわち自分自身との戦いであり、その究極は相手との調和、自然との融合の心にあります。

「武術を稽古していると理想が高くなる。一般的には理想が高くなると空想になってしまうが、武術をやっていると理想が本当の理想となり、それを実現しようとして努力するようになる。そういうエネルギーが湧いてくる」。

これは座波先生の言葉ですが、これが真実であるのは、武術稽古を通して、心身、さらには頭と身体のバランスが取れ、集中力が生まれてくるからだと考えています。

稽古していくうちに山の高さを知り、いかにその山の頂上が高い所にあろうとも、そこに向かおうとするエネルギーが湧いてきます。それは最高峰の山を征服するというものではありません。武術の山とは、頂上に近づけばまたさらに高くなっていくような山であり、その山はその人のあり方でいくらでも大きくなっていきます。目的は頂上に達することのみにあるのではなく、山を大きくしていくことにその本質があります。武術空手の稽古はそれを可能にします。

ここに武術空手の魅力があるわけです。

自分が変わっていくということは、いかに多くの事に気づき、多くの感動を経験するかです。感動は自分自身の大きなエネルギーとなり、強い力を与えてくれます。武術における感動、気づき、悟りは、型、組手の稽古を通して身体と心が同調することから生まれます。


次の文献は、幕末の剣聖・山岡鉄舟が稽古について語ったものですが、まさに絶対的世界に身を置くことの重要性を示したものと言えます。

山岡鉄舟と言えば荒稽古で有名ですが、この「剣法の真理」からすると、その稽古は相手を叩きのめすというような硬さの剣術ではなく、柔の中の剛であり、相手と調和・融合するものであったと思います。それは、文献中に見られる「自分のからだをすべて敵にまかせてしまうのだ」「ただ血気にまかせて進んで勝つことを考えるのだが、このような剣法を邪法というのである」といったところに見られます。

▼剣法の真理

『剣法の正伝に関して、これこそ極意だというものを考えてみても、そこに特別の法があるわけではなく、つまりは敵の好むようにしていって勝を得るところに極意があるのだ。

　敵の好むところとは何か。二つの剣が相対すれば、そこには必ず相手を打とうとする気持ちがおこる。そこで、自分のからだをすべて敵にまかせてしまうのだ。そして、敵の好む瞬間がくるのを待って相手に勝つ——これがほんとうの勝である。

・・・（略）

諸流の剣法を学んでいる者を見ると、この点がちがっている。かれらは、敵に対すると、いきなり勝とうとする気を先に出してしまい、ただただ血気にまかせて進んで勝つことを考えるのだが、このような剣法を邪法というのである。

剣法の修業を右のようなやり方で行なっていると、若くて血気さかんなうちならいくらかは上達したように思われることがあっても、中年を過ぎたり病気に罹ったりすると、身体の自由はきかず、力は衰え、業に負けてしまい、剣法を学んだことのない人にもかなわないようになってくる。つまり、無益の力を費すことになるわけである。

そのようになってしまうのは、邪法ということを反省してみないからだ。道を学ぶ者は、この点を深く考えて修業鍛錬しなければならない。

つけ加えていっておくが、以上のことは単に剣法の極意にかぎらないのであり、人間として世間に生きてゆくことのどれ一つを取っても、この考え方をもってやっていくのでなければならない。

軍の陣にのぞむ、大政に参与する、外交に当たる、教育宗教のことに従う、商工農作に従事するなどのような場合に、すべてこの考え方をもって対すれば、不可能ということなどあり得ないであろう。

わたしが、「剣法の真理とは万物の根元をきわめるのと同じだ」と主張しているのは、右の理由からである。』

（明治十五年一月十五日）

『山岡鉄舟　剣禅話』高野澄訳　徳間書店　一九七一年

武術稽古に見る攻防一如

武術で重要なことに「三つの先」があります。自分から相手に攻撃する時の先「掛の先（先の先）」、相手が自分へ攻撃をしかけてくる時の先「待の先（後の先）」、自分も相手も攻撃をしかける時の先「体々の先（対の先）」です。

いずれにしろ、武術の先にはこの「三つの先」以外はなく、先の優劣によって勝負は決まると言えます。

したがって、常に先を取ることを主眼にして稽古する必要があります。とくに稽古の基本は「待の先（後の先）」で行ないます。「先」を取るということは、「攻防一如」でなければならず、「受け→攻撃（反撃）」であってはならないということです。

攻防一如に必要な「防御」と「受け」の違いは歴然としており、次のような例で理解できると思います。

お互いに竹刀を持って一方が攻撃をします。それに対して受けを取ったのが写真Ⓐで、防御を取っているのがⒷです。

Ⓐは相手の打ち込みに対して竹刀を横にして受けています。武術は「先」の優劣によって勝負が決まるわけですから、写真Ⓐのような受け方にはなりません。受けた時点で技は終わりです。呼吸もそこで切れます。動作するにしても、そこから次の動作が始まります。すなわちイチ、ニィ……という単発の連続です。

写真Ⓑは相手の事の起こりを捉え、相手の竹刀に一切触れることなく打ち込んでいます。これが防御です。

さらに発展させて真剣対真剣を考えると、「受けと防御」の差異がよくわかると思います。

（竹刀）対（竹刀）

Ⓑ 防御（攻防一如）　Ⓐ 受け

真剣を真剣で写真Ⓒのように受けたら刃は大きく欠け、当然何回も受けるとノコギリの刃のようになります。竹刀だからこそ受けも可能ですが、真剣では考えられないことです。

武術的ということは、このように真剣で考えるとよく理解できます。写真Ⓓのように相手の攻撃に対し、触れずに打ち込む（斬り込む）ことが必要です。これが防御であり攻防一如ということです。たとえ相手の攻撃に触れても、そのまま打ち込む、斬り込むことが必要です。「受け→反撃」はあり得ないということです。これは素手対素手でも同じことです。

（真剣）対（真剣）

Ⓒ 受け

Ⓓ 防御（攻防一如）

写真Ⓔは相手の攻撃を受け（①）反撃しようとしていますが（②）、受けた時点で呼吸は止まり技の流れが途切れるため、反撃は完全に封じられています。写真Ⓕは攻防一如で技の流れがあるため、相手の二の手を封じることができています。

Ⓕ 防御（攻防一如）

Ⓔ 受け→攻撃

武術に必要な要素

武術として必要な要素「立ち方、構え、呼吸、見る（観の目）」およびそれらが統合された姿勢を体得することが必要です。

― 立ち方

武術的な見地からすると立ち方は非常に重要です。現代剣道の例で説明しますと、先ほども述べたように相手が面に打ち込んできた時、自分の竹刀を横にして受けを取ると、たいていはその受けで動作が終わり、攻撃（反撃）ができません。できてもイチ、ニィの単発の動きです。それはすでに「立ち方」そのものが「受け」しか取れない姿勢になっているからです。

立ち方からくる動きの重要性については、竹刀を木刀に替えてやると、木刀の危険性からよりいっそうわかると思います。真剣だとさらにわかると思います。そしてこれは素手対素手の場合でも同じことが言えます。すなわち、すべては真剣と同じと捉えてやることが武術的ということです。

― 構え

本質的にはいかなる場合でも、常に「先」が取れる体勢にしておくことが必要であり、その体勢が構えであるということです。結果的には「構えあって構えなし」ということになるのではないかと思います。

空手等の試合を見ていると、各流派なりのいろいろな構えがありますが、それはルールによる優位性からそうなっているもので、武術の「先」を取るという見地からの構えにはなっておらず、それはひとつの居付きとなっています。

― 呼吸

もっとも重要なのが呼吸です。「先」を取るためには呼吸を体得することが必要です。

呼吸は「心」と「身体」の動き、働きをコントロールします。それだけに重要です。しかし呼吸の説明を文章化することは難しく、「口伝を体得する」という世界です。

また呼吸は間違えるとたいへんなマイナスになるので、よくよく注意する必要があります。

― 見る（観の目）

「先」を取るためには、相手が「見える、読める」ことができなければなりません。

相手が攻撃をしかけようとするところを捉えて相手に打ち込む、これが先を取ることになり、防御となるわけです。相手の攻撃に対して五感の目で見るのではなく、第六感の働きが先にあることが必要です。すなわち「⑤発気含剛柔」です（三七頁）。

すなわち相手の事の起こりを「感じ」（第六感）、そこを捉えるということが「見える」ということです（次頁写真①）。

五感の目で捉えたのでは、早いか遅いかの世界になり「先」は取れません。「ものの本質を心で捉える」第六感で捉えると、相手の動きがよく見えます。

師の座波先生にいくら攻撃しようとしても手が出せなかったのは、常に事の起こりを押さえられていたからです。それにもかかわらず攻撃していくので、先生の拳をくらうことになるわけです。太刀打ちできるはずがなかったと思います。それが武術で言う「先」だと思います。

師の存在は自己流を戒め、個を伸ばしていく最大の導きだと思います。

構え

攻撃の事の起こりを押さえた瞬間

こと武術に関しては、毎日稽古をして身体で悟らない限り上達はあり得ません。いくら頭で考えても、それを身体動作として実践しない限り意味をなしません。

また武術稽古において重要なことは、それが人間という統一体としての身体動作でなければならないということです。統一体としての身体の構築と自由を得るためには、術技の集積としての型と心の存在、すなわち術技を司る身体動作と心のあり方の一致が必要です。

身体が自由に動くようになるための効果的な方法として、宇城空手では型→分解組手→組手のフィードバックシステムが用意されています。このシステムを通して型から形にすることを重要視しています（第五章参照）。

「組手はすべて手（ティー）（空手）の活用にすぎない」かつ「手（ティー）（空手）とは型の応用である」という先人の教えの通りです。「空手を知って型を知らない」では空手とは言い難いと考えます。

空手を知って型を知らない

本来の生と死の場に臨んだ時代背景から生まれた武術は、その術技において多種多様の技があり、当然それを使いこなす身体動作があったわけです。そしてその自由な身体動作を得るために心のあり方はそれ以上に重要だったと言えます。

心がとらわれると、心が居付き、身体の居付きが起こります。剣聖と言われた達人たちが、「剣禅一如」「事理一致」などの境地に至ってはじめて身体動作の自由を得たのは必然だったと考えます。

武器を持たない素手の空手においては、さらなる「拳心一致」が必要だったことは言うまでもありません。

身体の悟りによって生まれる術技

近年、科学的に身体あるいは身体動作を解明、分析し、その理論や内容をスポーツ等に役立てるという流れがますます盛んになってきています。近代科学の欠点は、分析が主体になっているというところにあります。分析はいくら分析しても統一体にはなり得ません。

今の科学的な手法による身体運動の分析は、解析が進めば進むほど全体系においては説明できないところが多々出てきて、ますます矛盾をきたすことになっています。またその指導にあたっては、言葉が先行する傾向にあります。言葉が先行すると、頭（脳）から身体への命令となり、身体動作が言葉に引っ張られることで、身体が本来持っている動作を引き出せなくなります。現在とくにその弊害が出ています。

武術的な動き、使える術技とは、分析したものを統合してできるものではありません。最初から全体という考えが重要です。それは、一つには身体動作がアナログの連続動作であるからです。たとえば重心の移動ということで言えば、ゴム風船に水を入れて転がすことを想定するとよくわかる思います。その姿は、外形は常に変化し、それに伴って内部も変化し、一定ではありません。

それは、水の入ったゴム風船が常に安定を保とうとしてアナログの連続動作をしている結果でしかないからです。身体動作もこれと同じです。つまり科学的分析が無意味であるということです。

さらに心得ておかねばならないことは、人の身体動作は心に大きく支配されるということです。このことを忘れて身体におけるいろいろな分析、あるいは言葉での説明を続けることは、自然の身体動作から離れていくということにほかなりません。

「型」を通して身体動作や正しい姿勢、呼吸などを創り上げるという視点からすると、こうした現在の科学という名のもとに行なわれる分析や理論による身体動作の内容は、非効率的です。重要なのは、筋肉であれ、身体であれ、それを最大効率で使える方法です。つまり身体の悟りによって生まれる術技こそが、自在に使えるものになるということです。

武術には覚悟を促すものがある

武術の術技を身につけようとした時、ひとつの覚悟が必要となります。それは一生涯続けるという覚悟です。その覚悟があってはじめて真の積み重ねが始まります。この積み重ねの中に無駄に思えるようなことがあっても、それはその人しかできない無駄であって、それはその人の身体に刻まれていきます。

自転車に乗れるようになるためには、「こける」という無駄は避けて通れない部分です。「こける」ことによって、こけるとはこういうことなのかという情報を身体は受け取ります。そして次にこけそうになる時は、一回目の「こける」によってすでに身体によるフィードバックが働いているので、一回目と二回目では、その「こける」内容が異なってきます。つまりこけるけれど、「乗れる」により近づいているわけです。

この時、自転車に乗れるようになりたいという一つの覚悟ができているからこそ、こけて膝や肘がすりむけても血がにじんでも止めようとはしないわけです。覚悟があるから身体は開発され目標に向かって収束していくわけです。しかし、その思いや目標が漠然としていると、フィードバックによる収束はあり得ません。

武術を目指そうとした時、武術に対しての思いや目標をしっかり持つことが重要です。それによって漠然としたところから一つの方向が見えてきて、一つの覚悟ができ、真の覚悟ができていくからです。

武術には覚悟するほどの素晴らしいものがあります。私は武術空手にその魅力を見出しました。その内容は世界に発信する力とエネルギーがあります。それは約六〇〇年前、国を統治するために武器を捨て、平和の道を選んだ沖縄の歴史の重みからくるパワーです。それが沖縄の心であり、そこから生まれた手（空手）は、武術でありながら武器を持たない、争わないというものです。この手（空手）こそが術技はもちろん、それ以上に心を創ることの重要性を教えているものだと言えます。沖縄の守禮の門に掲げてある「守禮之邦」がそれを象徴していると思います。

覚悟ということに関してですが、『沖縄空手列伝百人』に、空手の武士と言われた松村宗棍に教えを請うために、弟子の桑江良正が自宅のある首里の鳥堀から松村が指定した場所と時間に日夜通いぬいて、ようやく入門が許されたというエピソードが紹介されています。

またこの同じ文献には、次のエピソードに見るように、入門を許可される者の心を見るための、師である側の心構えについても触れています。

『…（略）当時は現在みたいに、すぐ空手を教えて欲しいと願い出ると出来る状況にはなかった。庭の掃除、雑用などをさせたりその人の性格等を師がみぬいた上ではじめて入門を許すという極めて閉鎖的な武術であった。

…（略）唐手の伝授は、相手の人格を選び、粗暴の者や無礼者であれば、たとえ身内兄弟にも教えてはならない不文律もありまた一子相伝に秘密裡に伝授するという目に見えない掟があった。糸洲の師である松村は弟子の入門にさいして何度もおいかえした末、ほんとにその人のやる気があるか作法は、人間性はどうかをたしかめ入門させている。糸洲もまた同じで糸洲の門を知花朝信が弟子入りを願っても、何故手を習うのか、この次にきてくれ、などと何度も帰されたあげくやっと入門がゆるされている。

昭和三十二年、知花は糸洲の事を次の様に述懐している。「十五才の時、首里の石嶺にある糸洲先生の宅に通ったが、来客があると、その屋敷付近のヤブに雨にぬれたままかくれ、客が帰ってから教えを受けたもので、当時、一般に空手を喧嘩の道具と考え、空手を習っているとわかるとどこで不意打ちされるかも知れないので、私も二〜三年は稽古を秘密にしていた。」

話は少しまわり道をしたが、昔の唐手の師匠は、入門の時、弟子入りを希望してきたものに色々な質問をしている。

たとえば、狭い道いっぱいに酔って寝て通りのじゃまをして通れない、君ならどうする。一人の入門者はじゃまだから寝ている人の腹をけっとばして起こして通る。後の一人は、寝ている人の上をまたいで通る。最後の一人は、別の道をさがして通ると答えたという。その質問の答えを聞いて入門者の性格を調べたという話がある。師曰く「空手とは人に打たれず人打たず、事なきをもととするなり」と諭したという。』

『沖縄空手列伝百人』　発行者　外間哲弘　二〇〇一年

武術空手を学ぼうとする者に心構えと覚悟が必要であったことはもちろん、武術空手を教える師にも、弟子の心と覚悟を見極めた上で、という覚悟が必要だったのだと思います。それほど武術空手には重みがあったのです。弟子が武術空手を間違った方向に使えば、殺しの武器になります。とくに空手の場合、身体の手足そのものが武器になるわけですから、その身体をコントロールする心のあり方が重要です。そのため武術空手を生かす心構えのある人を選び、そこに武術空手の重みを教えていって、武士と言われる人間に育てていったのだと言えます。

武術空手、武術とは、このような覚悟が師、弟子ともに必要とされるものだと思います。そのような覚悟のもとの稽古だけに、その内容は信頼関係に結ばれた、相当深さのあるものだと思います。そのような信頼し合った師弟関係の中での厳しい稽古を通して、弟子は自分自身に、また生活を営む上での強いエネルギーを培い、また師の信頼、期待に応えていったのだと考えます。

強い、弱い、勝った、負けただけの世界ではなく、このような日常の稽古のあり方が重要です。それが武術空手の教えであり、現在まさにこのような稽古のあり方が必要とされていると思います。

武術空手を学ぼうとするなら、沖縄の歴史とその心を知らなければならないと座波先生はよく口にされていました。このことは、ただ空手の術技を教え、また学ぶということだけではなく、空手を通して人間を創るということの本質とその大切さを諭されているものと、私自身、先生の言葉を肝に銘じています。

空手のルーツ「沖縄の心」

空手には空手の心があります。それは空手のルーツ・沖縄の歴史の中にある心です。その心を知って空手をやらないと、すなわち型をやらないと、真の空手とは言えません。

次の文献は沖縄の心を表わしている歴史上の事実を示したものです。

一八五二年アメリカ船バウン号の事件
『百浦添欄干之銘（ももうらぞえらんかんのめい）という尚真王（しょうしんおう）の功績をたたえた尚真王三十三年（一五〇九）の銘文のなかに、刀剣弓矢を蔵して護国の具としたとある。これは武器撤廃の宣言と解されている。また武器携帯の禁止とする説もあるが、いずれにしても、平和沖縄をめざした宣言なのだ。私は沖縄の宝は、沖縄の人の心であると思っている。十九世紀にあらわれた欧米の人びとは、各地で住民の野蛮、奇習など、あまり好意的でないリポートをするが、沖縄に限っていえば、みな住民がやさしく好意的だとほめている。・・・（略）

　バウン号は苦力を四百十人積んでいた。苦力は中国人の労働者だが、これは奴隷貿易にほかならなかった。苦力は鞭うたれ、狭い所に動物のようにつめこまれている。厦門（アモイ）からカリフォルニアに行くのだが、あまりの虐待にたえかねて、船が石垣島の沖に来たとき、病気になった二人の苦力が生きたまま海に投げすてられたことから暴動がおこり、アメリカ人の船長を殺し、船を座礁させるという事件がおこった。

　石垣島に上陸した中国人労働者は三百八十人で、その逮捕のために英船二隻が来て、苦力たちの作った小屋を砲撃し、逃げまどう苦力を二十三人捕縄して引きあげた。第二回はアメリカの軍艦サラトガが来て五十七人を逮捕した。・・・（略）

　石垣島の苦力たちは、被弾したり、病気になったり、自殺した者もいたが、一年七ヵ月後に沖縄の船で福州に送還された者百七十二名であった。島で死亡した百二十八名は島民がていねいに葬った。戦後、改葬され「唐人墓」と称されている。山に逃げて長いあいだ、彼らは石垣島民に食を恵まれたり、手あつい保護を受けた。よくある「落人狩り」的な行為はまったくなかった。おそらく英米側は、懸賞金を出して苦力をつかまえようとしたであろうが、それに応じた者はいなかった。これが沖縄の宝である「沖縄の心」である。』

『沖縄の歴史と旅』　陳舜臣　ＰＨＰ研究所　二〇〇二年

まさにこれが沖縄の心であり、歴史だと言えます。

このような沖縄の心と歴史の中で生まれ、伝えられてきた空手であり、かつ型であります。ゆえに単なる術技の追究だけでは真の型の意味を理解することはできないと言えます。

古伝の型に内在する真の術技の意味を理解し、型の中から術技を創出するには、空手の心を知ること、すなわち沖縄の心を知るということだと思います。そして型の中に人を創り、人に型を乗せるということではないかと思います。

自分に信じるものがあれば強い

若い時は自分はこれだと明確に信じるものが見つからず、迷いがあります。とくに現在のように情報が氾濫し、さらにはＩＴ化によって世界の情報が時間、距離に関係なく一瞬にして得られるという状況にあっては、何を選択したらよいか迷うのは当然のことかもしれません。しかし、逆にそれだけ自分に選択肢があるということであり、その分、個が自由に動ける場が与えられているとも言えます。

しかし、ここには大きな落とし穴があります。莫大な情報の中から自分の選択肢を見つけられない人は、迷いと同時に不安が生じます。若い時は若さのエネルギーがあるので、その勢いで自分のその日暮らし的な生き方を問題にしませんが、それは真の姿ではありません。

「自分に信じるものがあれば強い」

ここに早く気づくことが大事だと思います。そして若さのエネルギーをその信じるところに集中させることです。

信念がなく漠然としている場合は、自転車の例の「こける」状況下になった時、それを無駄なこと、意味のないことと思い、あるいは失敗として受け止め、そこでやめてしまうことになりかねません。信念を持つということは、それほど大事なことです。

なぜ「自分に信じるものがある」と強くなれるのか。それは絶対的世界に身を置くことになるからです。すなわち他との競争ではなく自分との競争の世界で、自分に勝つという生き方になるからです。ナンバーワンではなくオンリーワンを目指すということだからです。

オンリーワンを目指すことは、誰もが自分の努力で勝利者になれるという道でもあります。信じるものを持ち、さらにオンリーワンになるために自分独自の有効な手法を見出す、すなわち自己の方法論を創り出すということが大切です。

武術空手の稽古体系とその実践プログラムは、自分に信じるものを持つ上で、またオンリーワンを目指す上においても、非常に有効な手法です。なぜなら武術空手によって培われる「武術空手力」が即生活力となるからです。また本来武術とはそのようなものだと言えます。そういう意味では、一般的な他力本願の宗教に対して、武術は自力本願の宗教であるとも言えます。基本的に宗教とは、生きる力を見出す、あるいは生きる力を感じるものであると思います。生きる力とは、まさに生きがいを感じることであり、その感じ方にはいろいろあると思いますが、その本質は自分の器を大きくすることにあるのではないかと思っています。

たとえば対立しているいろいろなことに対しても、別の観点から見ると対立は対立でなくなります。

一つの山にたとえますと(図2)、山の裾野は広がっており、裾野でのａｂｃｄはそれぞれ対立しています。ここで立ち止まっていると相対の世界になり、融合は見られませんが、裾野から頂上へ向かって歩み出すことによって、すなわち絶対の世界の中でのレベルアップをはかることによって、裾野では対立に見えたことも、頂上では一つになることがわかります。

裾野におけるａｂｃｄの競いではなく、ａｂｃｄそれぞれが裾野から頂上を目指すことによって、頂上ではａ＝ｂ＝ｃ＝ｄと一つになります。そのことは一方で個の器が大きくなるということでもあります。そこに融合があります。

このような絶対的世界においてのレベルアップをはかり、器を大きくしていく手段・方法として、武術は非常に有効なものと言えます。

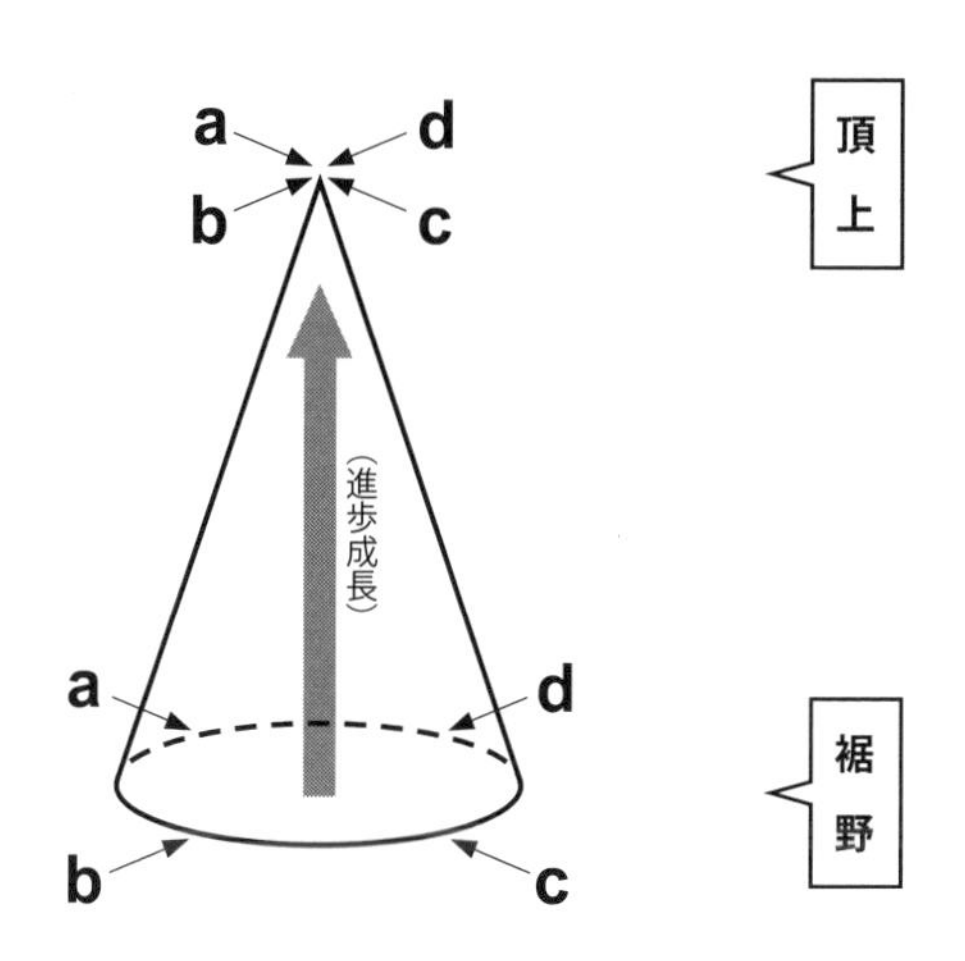

図２．裾野（対立）から頂上（調和）へ

　このように武術というのは実践哲学であり、理論と行動が一致しなければ意味がありません。武術を原点とした武道は世界最高の哲学であり、武術を学ぶ者はその知と実践によってエネルギーを発信していく勇気が必要だと考えます。

第二章

型と形

型から形へ

型と形

型は生と死の実戦の中から生まれた極意の集大成とも言えるものですが、その伝統の型をどのように解釈し、どのように稽古するかによって型は意味をなし、生きてきます。

型が意味をなすとは、型から形にできた時です。型は不変であり術技の根源となるものです。その不変の型から、それぞれの個、すなわち自分に合った術技の創出が「形」です。そして術技というのは、使えてはじめてその意味をなします。

型が「使える」ということは、自転車の例のように自転車に「乗れる」ということです。自転車に少しでも早く乗れるようになるためには、「こけること」を何回も繰り返すことによって、後述する身体脳の開発を促進する必要があります。その結果、乗れるようになります。

武術における術技の創出、および術技が使えるというレベルは、自転車に乗れるというような単純なものではありませんが、「型」が自転車に相当し、「こけても」が「分解組手」であり、「こけても、こけても」が型と分解組手のフィードバックにあたります。そして、この実践プロセスを通して、型から形にしていくわけです。

「自転車に乗れるようになる」と、非可逆の大きな変化が起こります。自転車に乗れるようになる前は、身体の動作はバラバラで、こけそうになる時にいくら頭（脳）でそうならないようにしようとしても、身体は硬くなり、思い通りにいかないことはほとんどの人が経験しているところです。しかし一度自転車に乗れるようになると、あれほどバラバラだった身体は、意識することもなく自然に一体となり、思った通りに動いてくれます。

このように人間はその情報収集（身体センサー＝五感）および情報処理（ＣＰＵ＝脳）、そして行動（多軸ロボット＝自由な動き）の連動において、繰り返しと学習効果によってそのレベルをいくらでもアップさせることができます。「勘」や「気」などの創造は、その結果とも言えます。いかに人間がよくできているかがわかります。

しかし、ただいたずらに身体を通してということではなく、そこには洗練されたシステムを通した実践が必要であると考えます。

型から形への稽古体系

図３（次頁）は「型から形への稽古体系」を示したものです。このフローチャートにおいて重要なのは、まず、その出発点を型としていることです。その型は、歴史を通して継承されてきた、不変で鋳型の型であることにその意義はあります。

したがって、型は誰が行なっても同じでなければなりません。型は無形文化ですが、目で見ることができます。師の型を見て自分に映すことで、すなわち真似ることで覚えていきます。
正しく継承されている型には、極意とも言うべき術技のエキスが内在しています。その術技を自分のものにして自由自在に使うためには、この不変で鋳型としての型から、自分の形にしなければなりません。それが型からの形化になるわけです。その型から形へのプロセスとして重要なのが型の分解組手です。

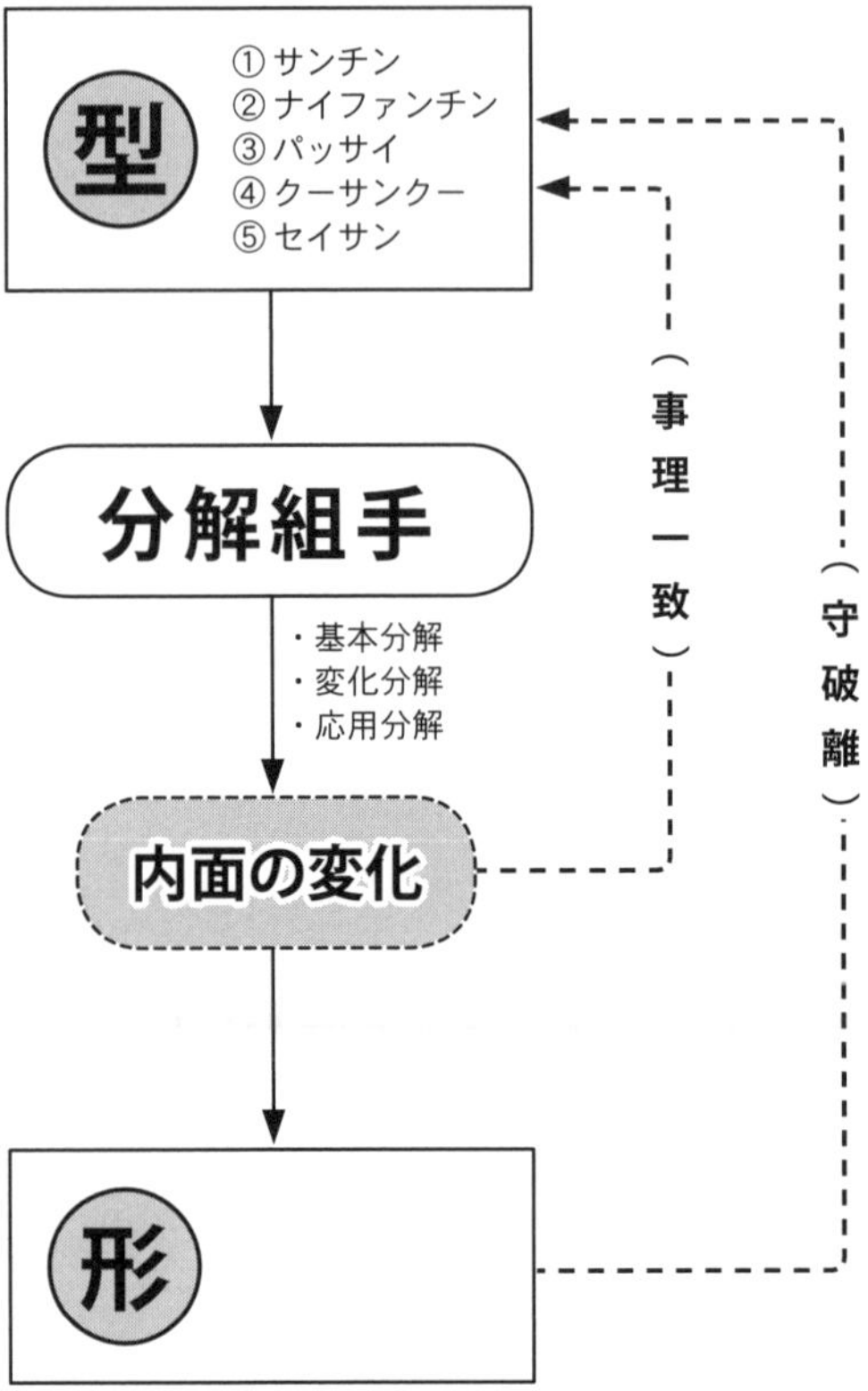

型
①サンチン
②ナイファンチン
③パッサイ
④クーサンクー
⑤セイサン

分解組手
・基本分解
・変化分解
・応用分解

内面の変化

形

（事理一致）
（守破離）

図3．型から形への稽古体系

分解組手

まず「型」という決められた鋳型にはめ込んでいくことから始まります。その時、力を入れずにやることが大事です。力を入れてやると技が引き出せません。この「力を入れずに」ということが一般にはなかなか理解されにくく、多くの人はできません。そういう意味では子供（小学生）の型は間違いなく参考になります。力の型になっていないからです。

型は一人で稽古しますが、分解組手は、型を構成している一連の技を二人の約束組手というスタイルで確認・検証していきます。

分解組手には、そのステップとして基本分解組手、変化分解組手、応用分解組手があります。

型の稽古は外形から内形、そして内外形の統一、すなわち「事理一致」の稽古を通してステップアップしていきます。さらにそれらの稽古は一通りが終わりではなく、「守・破・離」のステップアップであることは言うまでもありません。すなわち「離」に至ってはじめて、真の「守」はわかるということです。そして「型」は、「形」になって真の技が自在に使えるようになるわけです。

図3の流れの中で、基本分解組手の段階ではそれぞれの技が別々であったものが、変化分解組手の段階になると内面からの気づきによって、ひとつの結びつきができてきます。

外面上はそれぞれ異なる形をした技であっても、内面の働きが外面を支配していることが見えるようになります。手でたとえると、手の指を技とすると、その元は手の平から発しているということです。

応用分解組手になると、さらにそれぞれの内面の結びつきが収束され、自分の中に技に対するいくつかの法則性ができ上がっていきます。それは手・足・身体が一つになるということです。そして心身の一致です。これが自分独自の形となります。

身体動作の究極は、このように自分の中に一つの法則性を見出すことにあり、それは心・技・体の一致によって創出されると言えます。

いずれにしろ、そのすべては型から形にしてこそということです。

使えるために必要な気の流れ

次に「型で鍛えられた姿勢から、気の流れを創る」ということが大事です。気の流れが身体に生じないと、連続した「一（いち）」の動きができません。流れるような連続の動きであっても気の流れがないと、それは見せかけの連続動作であり、使えません。組手、投げで検証するとよくわかります。裏を返せば気の流れがないと、相手との動きの中で連続した動きをしようと思っても、流れが止まってしまう結果となり、技が切れてしまいます。

写真（①②）を参考にして説明しますと、相対したところで間を取り気で押すようにし、さらにその気を剣先に伝えているので、相手にはその気をはずす動きが出ます。そこが隙になるわけです。

相手の攻撃に対して気を合わせることによってゼロの状態ができ、それによって相手は無力化され居付いた状態になるので、あとはどうにでもなるわけです。それを稽古によってレベルアップしていくことで、さらに強いゼロの状態を創り上げていくのです。それが稽古だと思います。

①相対しているところ

②こちらが気で押しているので、相手が気をはずして攻撃に出ようとするところへ打ち込む。

また素手の場合で言えば、気によって自分の身体をゼロの状態にする結果、相手には目標が消えたような形になるため、攻撃をしかける相手は〝スカ〟をくらったような感じになります。同時に相手の呼吸は止まり、突こうと思った拳は伸びずに固まった状態になる。また伸びても固まっている状態なので、ただ手を伸ばしているだけということになります。すなわちゼロの状態に相手がなっているわけです。

ふつうだったら相手はこちらの動きを追いかけられるはずですが、目標が消えたような形となっているので、軌道修正ができず、そのまま突っ込んでくる。そこへこっちがパーッと入る、つまり相手にしたら予測がつかない無防備の状態に打ち込まれるので、大きな威力となり大打撃を受けることになるわけです。それは自分から壁に頭を突っ込むのと一緒です。

投げの場合は、直線に突いてきたのを回転に変えるだけです。回転と言っても内部の回転のことで、外は直線的です。これが投げです。相手の攻撃に対しこちらが瞬時に相手の視野からはずれる状況となり、相手は標的を捉えられない状態となるので〝スカ〟をくらったようになり気の流れが止まります。気の流れが止まるというのは、ゼロの状態ですから、そこからの投げは比較的楽なわけです。それに内部の回転がかかっているので、相手はパニック状態になるのです。

絶対的ステップアップ上達

次に「絶対的なステップアップの組み合わせで、さらなるステップアップが起こる」ということについて述べていきたいと思います。

上達にはいろいろなステップアップがあり、武術の醍醐味であると言えます。絶対的な上達は相対的な上達にもつながり、それが自信となって、さらなる絶対的な上達へつながり、それがさらに相対的な上達につながります。そういったフィードバックが起こるのです。そのようにして限りのない絶対的なステップアップにつながっていくわけです。

通常、相対の上達だけで伸びていくというのには限度があります。なぜなら相対的上達の稽古からは今言ったようなフィードバックが起こらないからです。また相対の上達はアナログ式上達ですから可逆的です。そのため途中で行き詰まる。それは年齢、練習の量、器具を使ったトレーニングなどの限界からくるものです。もし相対的な稽古をやっていて本質的なデジタル的ステップアップがあったとしたら、それは、「絶対的な稽古がその中にあった」ということです。中にはそういう人もいます。つまり相対的な練習をやっていてチャンピオンレベルになった人というのは、そういう一種の悟りがあり、本質的には自分で見出した絶対的な何かがあったからだと言えます。

しかし、やはり限度があります。それは確率論的であるからです。

ところが型を通しての稽古では、何回もそういう悟りを得ることができるので、確実に自分に変化が起こり、いろいろな術技ができるようになるということです。

絶対的上達がもたらす変化

その変化とは、具体的には武術に絶対必要な、「相手の動きが見えるようになる」ということです。今まで見えなかった動きが見えるようになる。相手が木刀で打ち込んできても見えるわけです。見えるから相手を捉えることができ、かわすことができる。何回やっても同じです。

相手には見えなくてもこちらには見える。こういう変化がフィードバックシステムのある時点で起きてくるわけです。とくに「見えるようになる」ことは、組手において大きな変化をもたらします。「直線的に相手に入っていける」のも見えるからできるのです。

よく組手で「下がるな！」と言われますが、当人はなぜ下がったらいけないかがわからない。しかし下がったらいかにまずいかということは、「入る」ことができるようになるとわかってきます。この「見える」という技の修得は、視力が良いとか動体視力が高いということとは関係ありません。第三章で詳しく述べる、「観の目」が必要だということです。

ほかに、のちに述べる「ゼロの力」「吸収力」「貫通する力」もフィードバックシステムにおけるデジタル式非可逆上達から創出されます。

また「気」の流れは呼吸を根源とした連鎖から生まれてきます。とくに投げに対しては気の流れは非常に有効と言えます。なぜかと言うと、突いたあと、打ち込んだあと、気の流れがあると自然に投げに入っていくことができるからです。投げようとして投げるのは真の技ではないことが自覚できます。

　このような上達には希望が出てきます。希望は理想を高くし、また志も自然と高くなっていきます。そして日常の中にも変化が出てきます。目標設定が自然と高くなり、それに向かって努力するようになります。

　型を原点とし体系化されたフィードバックシステムによって、絶対的上達がもたらされます。このような上達はノルマ的稽古では難しいと言えます。

真実か真実でないかについてデール・カーネギーの『人を動かす』という本の中に、

「お世辞と感嘆の言葉とはどう違うのか、答えは簡単である。

後者は真実であり、前者は真実でない。

後者は心から出るが、前者は口から出る。

後者は没我的で、前者は利己的である。

後者は誰からも喜ばれ、前者は誰からも嫌われる」


とありますが、真実は気を出し、真実でないものは気が出ず、人を動かすことができないということにつながると思います。

武術の技

瞬発力は宇城空手の最大の特徴です。気は技の流れに大いなる影響を与えます。「事理一致」で言えば、瞬発力は「事」であり、「理」は心の働きであり、気の流れは「事理一致」にあります。そして気と瞬発が一緒になると、とんでもないパワーになります。打つ前に相手を捉え、打とうと思った時は勝負はついているほどです。

身体に流れる気の根源は呼吸にあり、呼吸を根源とした連鎖系の中で身体の呼吸を身につけ、身体の調和と集中力によって気は創出されるものと思っています。気が流れている時は、型をやっても重厚さが全く違います。それと芯が出てきます。この芯を相手に合わせると、空手であれば貫通するような突きになり、触れる程度で相手を居付かせることが可能になります。

目に見えないものを言葉にすることは、解釈がさまざまとなって良し悪しがありますが、指導上からは、「実証性、再現性、普遍性」の検証をした上で、言葉にして説明することは助けとなるものです。

しかし、武術の技は分析してできるものではなく統合的なものですから、理論化するにしても部分分析と違って体系的な組み合わせになるので、そう簡単ではありません。やはりあくまでも言葉は助けにして、一触の指導を通して身体で覚えることを第一義としなければならないと思います。

外見上の型はきっちり伝えることができます。しかし形につながる型は難しく、しかし難しいからと言って、わかりやすい言葉で教えていたら型がおかしくなります。やりやすくするために号令をかけてやるなどして初心者用に変えてはいけないというのもそのためです。わからなくてもそれはそのままでやらなければなりません。やりやすくしたところから型は崩れるからです。その難しいことを稽古していって、できるようにするのが稽古です。

人の姿勢を直すのに、私の場合、その人に軽く触れて直します。なぜ軽く触れるだけで直るのかと言いますと、気を流して相手との調和をはかり、統一体にできるからです。

それと型がものさしになっているからわかりやすいと言えます。外形上の姿勢が曲がっているかどうかは目で見てわかります。つまり鏡を見たり、動画を撮って見たりすればわかります。しかし、内面の姿勢は目で見えません。自分が正しいと思っても、基準がなければわかりにくい。ところが、型はその基準となるわけです。そこからまず外形の姿勢、それから使えるための分解組手を通して内面の姿勢ができあがり、目で見えないものが見えるようになる。重心とか芯などは形としては存在しませんが、見えるようになってきます。見えるから直せるわけです。それが指導者です。

上達のあり方

いかにしたら上達するのか、そのプロセスを示します。

図４は上達への非可逆ステップアップのプロセスです。この図を元にその論理を説明します。

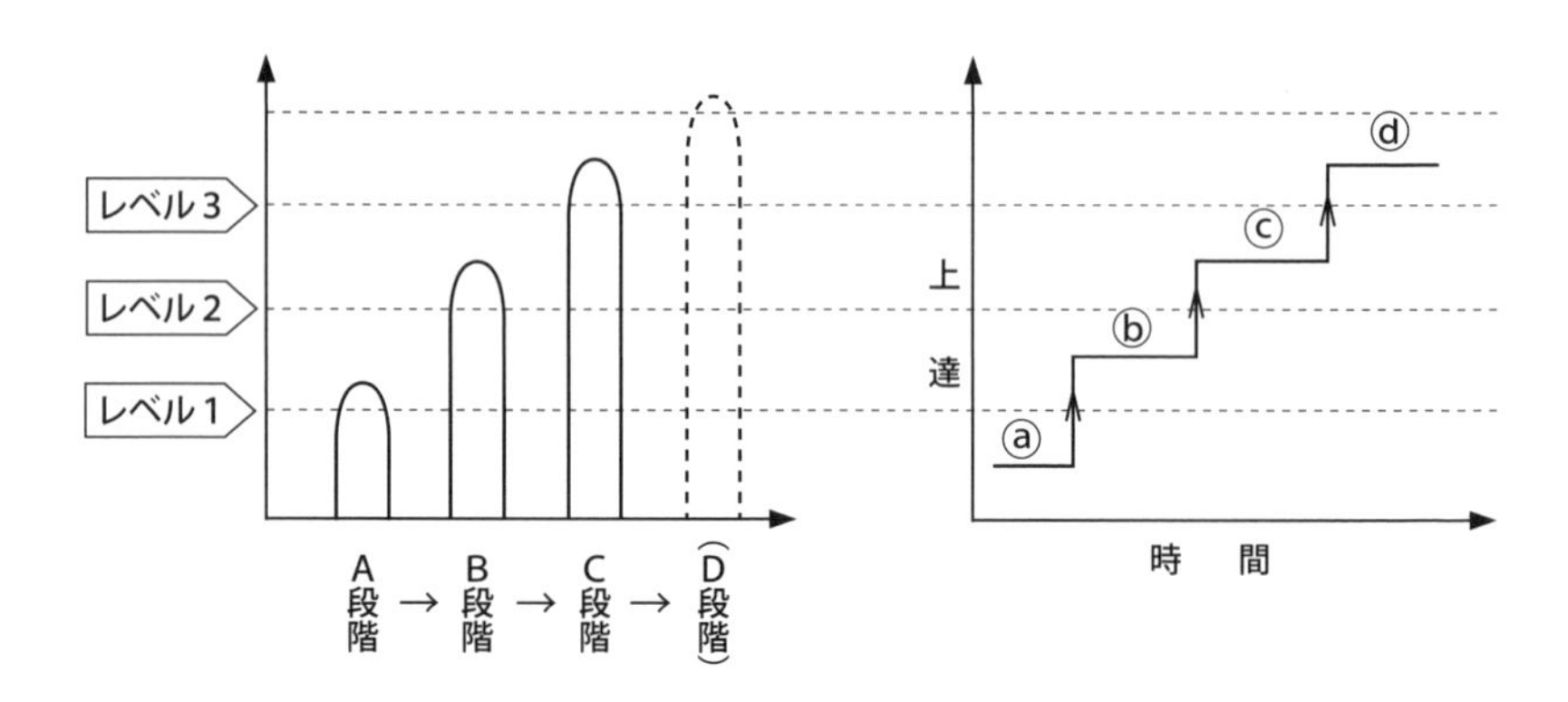

図4．上達へのプロセス「非可逆ステップアップ」

まず、レベル1の内容について、A、B、Cそれぞれの段階にある全員が理解できます。次にレベル2の内容について、B、Cは理解できるがAはできません。レベル3については、Cしか理解できません。

今、レベル1の目標が仮に「自転車に乗れるようになる」ということであったら、自転車を与え練習することによって、人によって早い遅いはありますが、乗れるようになります。すなわち上の図のⓐからⓑ点へ非可逆のステップアップが起こったということです。

この例のように目標のレベルが「できるか、できないか」のデジタル式目標ですから、はっきりしているわけです。

あくまでもこれはわかりやすくするための一例として考えてください。

実際、武術になるとそう簡単にはいきません。レベルの目標をデジタル式とし、かつそのレベルを実現でき、一触でもって指導できる先生のもとで学ぶことが上達の近道だと思います。

もっとも戒めなければならないのは、「できた」という自己錯覚です。師の指導に恵まれた人は、この錯覚があまりありませんが、師を持たない人は、往々にしてこの錯覚に陥るため、気をつける必要があります。

上達のステップとして、

①目標レベルは、「できるか、できないか」のデジタル的であること。
②目標レベルの「できるか、できないか」を実践してくれる師に恵まれていること。
③目標レベルに対し、「できるか、できないか」の検証方法が体系化されていること。
④全プロセスがシステム化されていること、すなわちレベルと段階が明確にされていること。

以上のような環境下で、稽古することが上達への道と考えます。レベルアップを望むのであれば、自分自身がA段階からB、そしてCへ……と変化していくことが必要です。そのためには真面目さだけではだめで、真剣さ、謙虚さが必要だと思います。

上達のための稽古法

上達のための稽古法をその論理に基づき一つの術技を例に写真とともに説明します。

レベル１（写真①）

相手が自分の胸ぐらをつかんできたのをそのまま投げに入る。

〈詳細説明〉

このレベルでは衝突点を消すことと貫通力を学びます。自分の胸ぐらをつかんでいる相手の手に対し、衝突を消しそのまま貫通させれば、相手は簡単に腰からくだけます。

実際にやるとわかりますが、相手の手に対し衝突があると、これは一〇〇パーセント不可能で、相手はびくともしません。これはできるかできないかがはっきりしたデジタルの世界であり、「少しできるようになった」ということは一〇〇パーセントありません。

まずこの段階で上達の非可逆ステップアップを経験し認識することができるわけです。

相手の手に触れた瞬間、技がかかるか、かからないかがわかります。

指導では以下のような擬似体験をしてもらっています。まず胸ぐらをつかんだ人に私が技をか

レベル1（写真①）

けてみて、かかる時の感触を一触してもらいます。そのことによって「かかる時の感覚」が身体に残っているので、ほかの人に触れられた瞬間、その人の技が自分にかかるか、かからないか、自分ではできなくてもその接触点を通して判断できるわけです。

次に技をかける人の手に軽く補助的に触れて相手を崩します。その感触を一触してもらって、「できる」という感触を体験してもらいます。かかる時は触れている手だけではなく、身体全体に変化が出ます。これは第三者が横で見ていても、かかるか、かからないかの状況が全体に出てくることを感じ取ることができます。

これは、部分の練習より全体の稽古のほうがいかに重要かということに気づかせるいい例です。

レベル2（写真②）

レベル2（写真②）

相手の攻撃に対し見切って反撃しているところ。

〈詳細説明〉

これは見切りの基本をマスターしたかどうかの検証になります。このレベルの稽古には型の分解組手が有効手段となります。

型の分解組手は、直線で入る、見切るということを身につけるためには絶対必要であり、また理合いを学ぶためにも非常に有効な手段です。

武術に絶対必要な見切り、理合い、直線で入るなどは、型とその分解組手があるからこそ修得できると言っても過言ではありません。

この写真は見切って手刀打ちの反撃をしていますが、見切った瞬間、左に投げる、右に投げる、真下に崩すなど、自由にできます。

レベル3（写真③）

レベル3（写真③）

相手の攻撃に対しそれを迎え撃ち、投げに入る。

〈詳細説明〉

相手の攻撃に対し直線で入り、相手の突きに対し、そのまま防御の手を貫通させ投げに入る、あるいは崩します。

ここで大事なことは、接触する点が衝突してはならないということです。衝突すると投げるどころか逆に相手に二の手をくらうことになり危険です。

このレベルでは、直線に入ること、触れた点に衝突が生じないこと、そして貫通させられることが、「できる」という条件になります。

レベル4（写真④）

レベル4（写真④）

相手の攻撃に対して迎え撃つことによって、相手は腰から折れたような感じとなる（後の先）。

〈詳細説明〉

相手が攻撃してくるところを完全に見切って迎え撃ちます。見切りができないと、防御は単なる受けになり、防御の中に攻撃ありという後の先が取れません。

このレベルではまず「見切る」こと、さらに相手が軌道修正できない状態をつくることが必要です。

一般的には防御する側が変化すると、その方向に相手が追従してくるので後の先が取れません。たとえ円的なさばきをして相手の一の攻撃を避けても、続く二の手を封じることができません。防御側は常に攻撃ができる状況にあってはじめて後の先ができるわけです。

レベル5（写真⑤）

防御というのは守りの中に攻撃が隠れていてはじめて防御と言えるのであって、いかなる攻撃に対しても先を取れる体勢こそが重要だと言えます。

レベル5（写真⑤）

相手が攻撃しようとするところへ先の先を取り、相手につけ込んでいるため、相手は前に出られない状況。

〈詳細説明〉

相手が攻撃しようという意識が起こると事の起こりが出てくるので、そこにつけ込みます。相手の事の起こりは外見上ほとんど変化がないので、段階を踏んで事の起こりが見えるようにレベルアップすることが必要です。

しかし外見上の事の起こりを捉えてからつけ込むのではすでに遅く、それはスピードが速いか遅いかの、ポイントを取るスポーツ的レベルの世界になります。

相手の事の起こりに対してこちら側のつけ込む気配を消すと、相手はそのまま攻撃してきます。それはすでに捉えられたなかでの攻撃なので、自分から突っ込んでくる形となり、こちらが相手のボディに軽く手を出す程度でも、息が詰まるぐらいに効きます。これは一触をするとよくわかります。


最終段階のレベル5にいくためにどういうステップを踏まなければならないか、なぜそのレベルが先にシステムとして体系付けられていなければならないかをわかりやすく言いますと、富士山の頂上を先に見て、そこに登るためのステップを設定し実行していくというようなことと似ています。

たとえばレベル1が行きつくところ何になるかという目的の全体がわかっていなければ、それぞれの段階がレベルの低いものになってしまいます。それは全体があって部分があるという考え方をしていないからです。

これに対し全体からの部分の研究は、迷いなく、脱線することなく深さを追い求めることができ、同時にレベルアップをはかることができます。


歴史的に完成されている型は、武術としての統合を身につける最良のシステムであり、型の分解組手は組手の統合を身につける最良のシステムであり、フィードバックシステムは上達の方法を身につける最良のシステムです。

自由組手、実戦は、レベル5をマスターした上にあることは言うまでもありません。また今回、術技術理の一例を取ってレベル1～5を示しましたが、宇城空手では五つの型（サンチン、ナイファンチン、パッサイ、クーサンクー、セイサン）すべてについて体系化されており、迷いのない稽古ができるシステムになっています。そのシステムの中でレベル1～5を確実にマスターしていく稽古を行なっています。

第三章

身体脳の開発

武術空手が解き明かす身体脳

意識の働きによらない身体動作

空手の組手における攻撃、防御等は、いちいち頭で考えてやっているようでは話になりません。稽古に稽古を重ねて、自然に技が出るようになることが必要です。実際の競技試合ではどうでしょうか。たしかに組手の攻防では身体や手足が自由に動き、自然に技が出ているように見えます。

ところが、実はここに大きな課題があります。攻撃、防御、いずれも自由にやっているように見えても、大半が居付いてしまっているのです。もっとも無意識に反応していると思える条件反射的な動きでも、やはり居付いています。自分では全く無意識に対応しているように思っていても、実際は相手の意思の強い影響を受けているのです。そして相手の意思が強ければ強いほど、それに対応して条件反射の動きも強くなります。

たとえば二人がお互いに軽く手を触れたところから一方が不意に攻撃をかけると、片方はそれを反射的に防御します。さらにその時の相手の攻撃の意思が強ければ強いほど、こちらの反応もそれに比例した強いものとなります。このことは相手の内なる意思がこちらに何らかの形で伝わるということですが、裏を返せば、相手の意思によってこちらがコントロールされているということにもなります。フェイントなどにひっかかるのもそのためです。このように見た目には自由である動きが実際は居付いていているというのは、意思、意識が働いていているからにほかなりません。

武術における攻防は、身体が自由に動いて、しかも相手に左右されずに咄嗟に（無意識に）技が出るようでなければなりません。この咄嗟に出る技のことを「術」と言いますが、そのレベルまで高めていかなければなりません。そのためには意思の働きによらない身体動作を創り上げる必要があります。

よく見られるのが、部分要素の追究によって論理的に身体動作の最大効率を解いたり説明したりする光景です。こと生命体において、しかも人の身体動作においては、たとえ身体部分を有機的に統合させたとしても、説明できるようなものではありません。

武術的な術技のレベルを目指すには、最初からその主体としての人の身体を統一体として考える必要があります。その統一体としての身体を最大効率の動作に導く根源をなすもの、それを私は「身体脳」と位置付けています。

この身体脳を身につけることによって、すなわち「身体脳の開発」により、口伝的内容と言われる高度な術技への理解も早まると私は考えています。

この「身体脳」に基づく考えは、さらに大きな意義があります。それは、「身体脳の開発」によって現在の武道系、スポーツ系を問わず、あらゆる競技、技における確実なレベルアップが可能になるということです。

私たちが今まで受けた教育のあり方は、目、耳を通して、すなわち本を見て言葉を聞いて、頭の脳に記憶していく方式です。これは現在も、また今後も同じような状況が続くと思います。

しかしこの方法では、とくに武術、武道、スポーツなどの身体動作を伴うものにおいては問題があります。なぜなら意識して稽古あるいは練習したものは、最終的な無意識化のレベルにもっていくことが難しいからです。

言葉によって指導する、あるいは言葉を通して学ぶ、覚えるという方法は、頭脳にダイレクトにインプットされます。頭脳にダイレクトにインプットされた情報や知識は頭脳で整理されて、頭脳からアウトプットされます。ここに無意識化ができない重要なポイントがあります。すなわち意思、意識（脳）からの命令では、自転車の例のような、一度乗れると一生乗れるという非可逆ステップアップ、すなわち無意識化へのプロセスが踏めないのです。

さらに脳からの命令は、結果的に居付きを起こします。それも意識が強くなればなるほど、居付きも強くなります。武術の術技においては、これは致命的とも言えます。

無意識化を促す身体脳

武術における術技の無意識化とは、最初に意識して覚えた技を、技から術への段階で無意識化するというものです。

そのためには、身体脳によって最初から「無意識の記憶」をさせなければなりません。

武術における術技は、その身体動作に対して、心を根源とした身体脳によるものと、意思、意識を根源とした頭脳によるものとの二通りがあり、図5は、身体脳と頭脳におけるそれぞれのプロセスの概念を示しています。

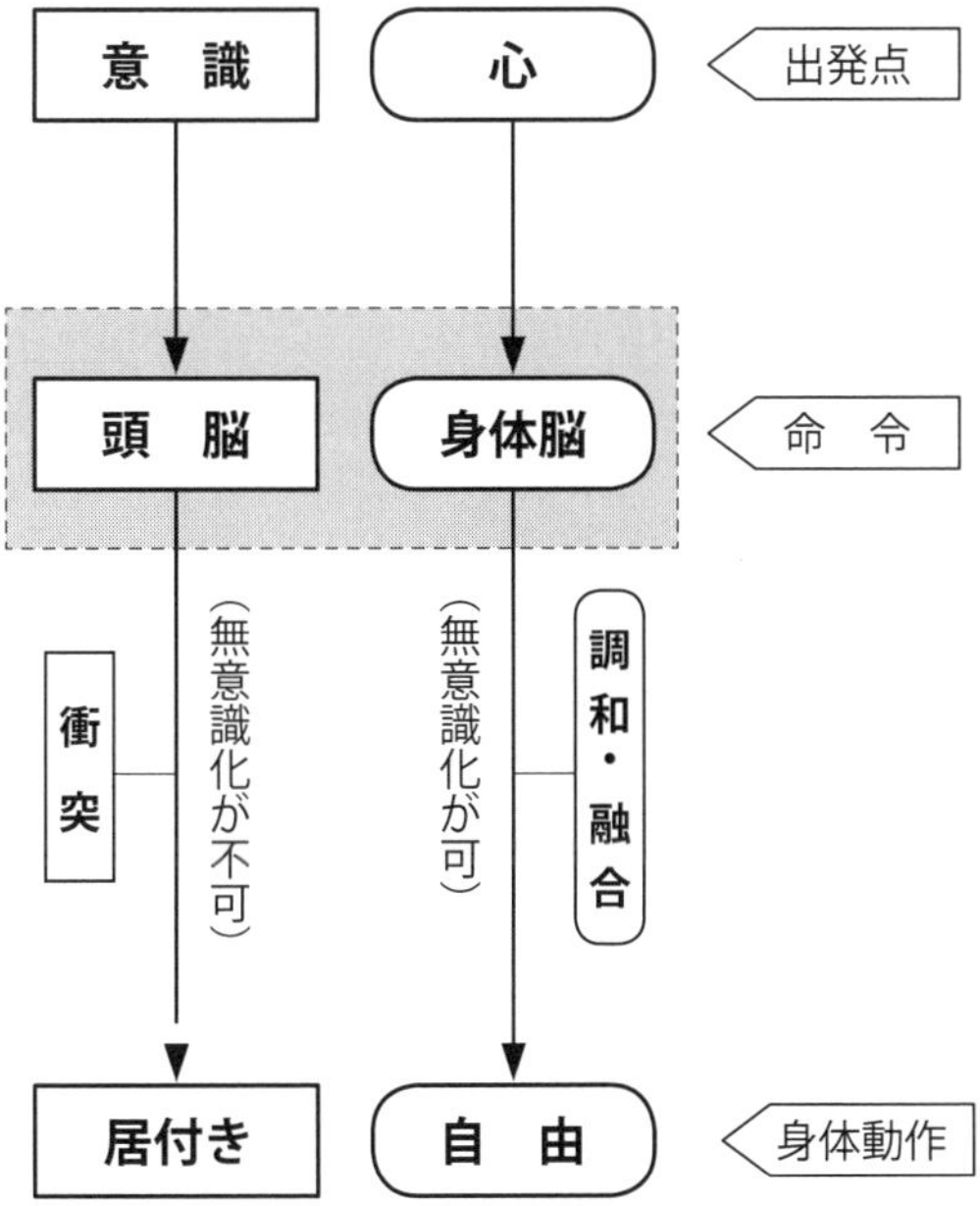

情報を脳にインプットする従来の稽古のあり方では、スポーツ的、あるいは条件反射的な領域を越えることができません。インプットする段階では気づかないのですが、アウトプットする時に大きな違いが生じます。つまり、無意識化ができないということです。無意識化ができない限り、身体の自由を得ることはできません。

図5．頭脳と身体脳

身体脳にインプットされた場合のアウトプットは、本質的に統一体としての捉え方ができ、無意識化が可能となり、身体の自由が得られ、真の術技の創出を可能にします。さらにそのことは武術の攻防において非常に重要と言える、「実」から「虚」の実現につながっていきます。

頭の脳では「虚と実」の世界の見分けや判断ができません。一方、身体脳は「虚と実」を見極めることができます。

虚と実

組手の攻防において、相手の攻撃を防御した瞬間、相手と自分との接触点において相手の力を感じると、一般的に私たちは押し返そうとしたり、引こうとしたり、あるいは方向を変えたりして、自分の有利な方向へ力のバランスを取ろうとします。しかし大なり小なり必ず衝突が生じ、力のあるほうが優ります。

またこの接触点の衝突を避けるために円の働きがよく使われますが、円の働きにしても、常に円の中心に向かって相手の働きがかかると、円は円でなくなり、その働きは崩されます。それを崩されないように稽古するのも重要なことですが、本質的に衝突点を消すには、「虚と実」の術技を身につけることが有効です。

たとえば相手が押そうとしている時には必ず押そうという意思が働いています。それは頭の脳からの命令によるもので、脳からの命令と意思が一致している時は力が入ります。しかし、こちら側が押そうとしている相手の力を吸収したり、力を貫通させたりすると、今まで存在していた接触点の拠り所が消えるため、相手は押そうと思っても押す対象が見つからず、その結果、押そうとする意思と脳からの命令が一致せず、力を出すことができません。

これは相手が一種の「虚」の状態にさせられているからです。虚の状態にある時は、このように意思の伝達経路がパニックになりストップしていますから、身体も虚にされている状態、すなわちゼロ化されています。つまり、相手は実と思っていても、虚にされているわけです。これが「虚と実」の術技であり、武術の術技には必要不可欠なものと言えます。

武術的な組手には、受けてとか躱してとか捌いてとかという認識はありません。相手を捉え相手を包み込み、相手との調和をはかり、相手と融合することによって相手を制します。すなわち相手を実から虚にすることによって、相手の中の意識と身体の一致を崩すのです。これが相手のゼロ化です。ゼロ化された状態では、身体の居付きが生じると同時に身体が無防備化されます。

このようにスポーツ的な組手と武術的な組手の目指すところには大きな違いがあります。したがってその稽古プロセスも異なってくるのは当然のことと言えます。

三つの先

第一章でも述べましたが、古来より実践において勝ちを得るには「先」を取ることが重要であると言われています。先には三つの先、つまり「先の先、後の先、対の先」があり、これが先の基本とも言えます。

これを実践するとなると難しいものがありますが、身体脳を根源とした考え方は、このような三つの先に対しても、その理解と実践への有効な方法となります。

図6は、三つの先の実践における内面、外面を示したものです。

三つの先が自在になるということは、間をコントロールすることにつながります。

「間」についての古伝の教えに「間を制した者が勝つ」という言葉があります。さらに掘り下げた具体的な言葉として、「間とは相手から遠く、自分からは近し」という教えがあります。すなわち相手と自分の物理的な距離は一定であるにもかかわらず、相手からは遠く、自分からは近いということです。

本来、物理的距離が一定であれば、手足の長さが同じである以上、相手との客観的距離は同じであるはずですが、なぜ「相手から遠く、自分からは近し」ということが起こり得るのでしょうか。

それは二通りの例で説明実践できます。一つ目は、三つの先の一つ、「先の先」に見られる間の状況です。

「先の先」においては相手と自分の物理的な距離は一定ですが、相手に自分の集中力による気をもって対すると、相手には間が詰んでいるように感じ、打ち込めない状況になります。

これは相手が一種の虚の状態に入っているからであり、そのため相手は下がって自分の間を創ろうとします。それが物理的な距離を広げる結果になり、その間から打ち込んできても実質上、

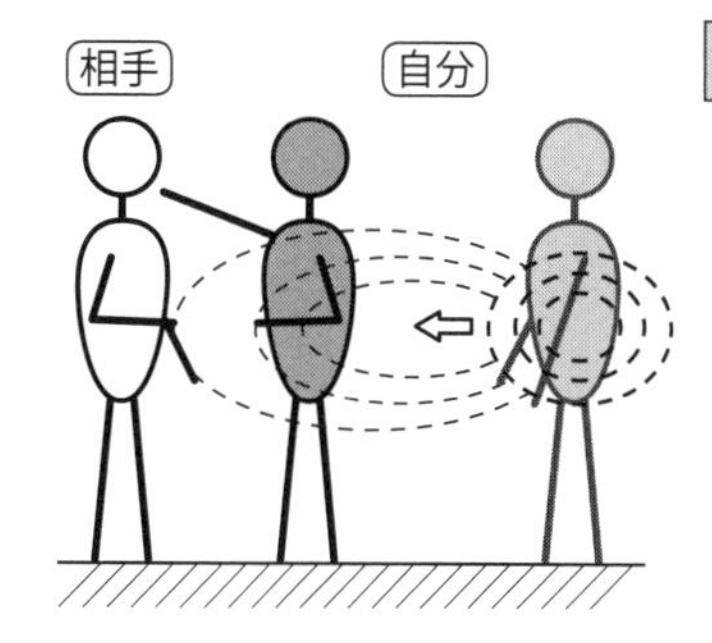

先の先

「気」で間を制して、相手に打ち込む。

相手　間が近すぎるように感じるので、打ち込みにくい状況ができる。

自分　身体の位置はそのままで、内面の集中力によって相手の中に入り込んでいく。

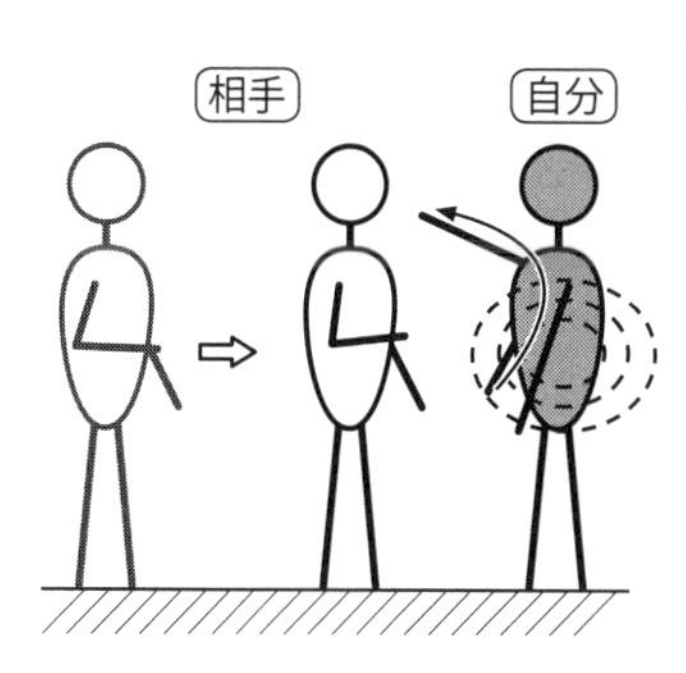

後の先

「気」を消すことによって、間の緊張が解け、その「さそい」にのって相手が攻撃をしかけてくる。それをぎりぎりのところで見切って打ち込む。

相手「さそい」の中にある攻撃なので

自分　相手の動きがスローモーション的に見えるので、的確に打ち込むことができる。

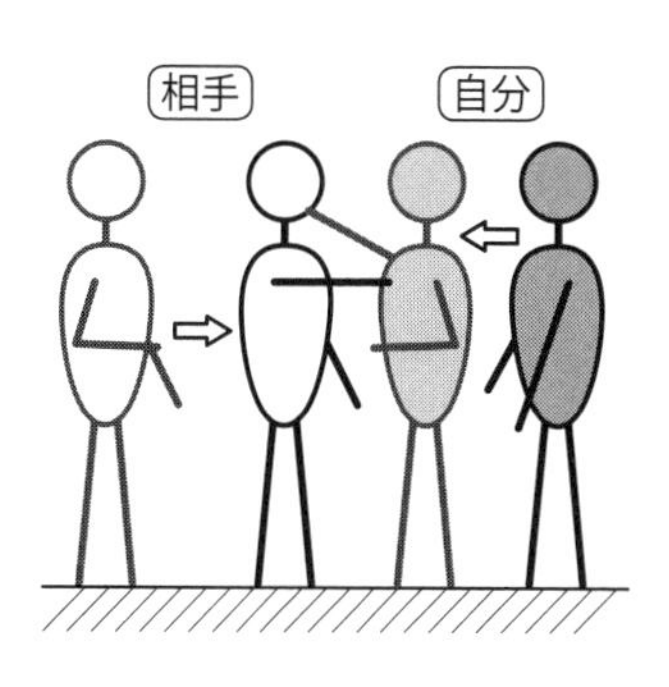

対の先

相手の攻撃に対し、自分の位置はそのままにし、ワープ的な移動をする（意識的にしたものは、相手に動きを追われる）。相手は虚に向かって攻撃する形となり、気づいても（意識があっても）軌道修正ができないので、簡単に打ち込まれる。

相手　こちらが消えたように感じる。
こちらが移動するのは見えるが、自分のコントロールができない状況が生まれる。

自分　その場から移動するという気は全くなく、移動する感じ。

図６．身体脳による三つの先

意味がありません。またこちらからすると、相手が下がろうとする時、相手に大きな隙ができるので、そこが打ち込むタイミングとなります。同じ間にありながら、このような差が出るのです。

もう一つは相手の攻撃を防御する時の防御の姿勢によって、相手と自分の距離をコントロールすることができるというものです。すなわち相手の攻撃は届かず、こちらの反撃は届くという状況をつくるわけです。つまり相手の攻撃を防御した時にはすでに相手をゼロ化している。すなわち実から虚にすることによって、相手の二の手の攻撃が自分に届かないように相手を封じているわけです。そこが打ち込むタイミングとなります。

三つの先のそれぞれについては図の解説通りですが、「先」は身体の内面に起因するところが大で、その最高峰にあるのが「気」となります。武術試合の基本とも言える間を自在にする「三つの先」を実践しようとする時、身体脳の開発を伴った術技の修得は非常に有効なものとなります。

見るから観るへ

人の視野には中心視野と周辺視野があり、中心視野とは、腕を前に伸ばした時の親指程度の大きさの範囲であり、それ以外は周辺視野と考えられています。

中心視野での対象および動きは、客観的に捉えられ対応できるとされていますが、周辺視野における動きは捉えることができないと言われています。たとえ動くのがわかっても、そこに対応しようとすると、今度はそこが中心視野になり、今までの中心視野が周辺視野となります。

　田舎の見通しのよい農道の交差点で起きる、横から来た車との衝突事故は、この典型的な例だと言われています。広い田園の中を走っている農道は見通しもよく、当然相手の車も見えているはずですが、自分の直進に対し、同じ交差点に向かって走っている相手の車は止まっているように見えることが実験検証で明らかになっています。この時の横から走って来る車が周辺視野にあたります。交差点で気づいてあわてても、すでに遅いわけです。

　武術で二人の相手に対応しようとした場合、一人の相手に中心視野を向けると、片方の相手は周辺視野となり、中心視野にある相手とは間を創ることができても、周辺視野にある相手との間を創ることができません。間を持つことができなければ「間抜け」となって、相手に打ち込まれます。片方の相手に対して間抜けになれば、結果的には両方とも間抜けになり、両方から打ち込まれることになります。さらに二人以上の相手に対しては何をか言わんやです。

　このように複数を相手にするということは、武術の世界ではあり得ることであり、少なくとも中心視野を大きく拡げる、たとえば二人の相手であれば二人に対して同時に中心視野で捉えることができなければならないわけです。実際武術にはそれに対応する型や技は数多くあります。

　しかし、その型や技を現代科学で分析された中心視野と周辺視野で対応したのでは、技の理に適いません。

　武術における目というのは、複数の相手に対して中心視野的捉え方ができなければなりません。この目付けが「見る」ではなく「観る」ということです。これができると一対一の時の間より、一対二の時の間のほうが有利になることもわかります。

肉眼の目と心眼の目

武術においてはこのように「見る」ではなく「観る」目を持つことは非常に重要です。それは、武術における攻防の動きが日常の「見る」では対応できないからです。スポーツが見えるもの、存在するものを追究する傾向が強いのに対し、武術は見えない動きを捉える目「観る」を追究します。これは武術独特のものと言ってよいと思います。

武術はこの「観る」ですべてを捉える必要があります。

そのためには肉眼の目ではなく心眼の目が必要となります。心眼の目というのは、古来から武術では重要視されているもので、まさにこの言葉通り、「心の眼」で見るということです。

古来の剣術の目付けにおいて、相手の剣先に目を付けると剣を持つ手元の動きが見えず、手元に目をやると剣先が見えなくなり、両方を捉える必要があると言われています。実際やってみるとわかることですが、肉眼の目では剣先とその手元とを同時に見ることはできません。無理に見ようとすると、そこに意識がとらわれ、身体に居付きが生じます。意識による集中は結局頭からの命令によるものだからです。

一方、「観る」は「見る」でもなく「見える」でもありません。「観る」ためには、「心眼の目」を創ることが必要となります。そのことによって中心視野が広くなり、相手の動きを統一体で捉えることができるようになります。

このような「観る」目を創る具体的な方法として、心を出発点とした身体脳の開発があります。対象とするものに意識がいっているあいだは、「見る」次元を抜け出すことはできません。これに対し「観る」とは、対象とするものを捉えながらも、そこに意識がいかないということです。すなわち心で捉えるということになります。

したがってこのような心眼の目は、心のあり方によって変わってくるものであり、「観る」目を創るということは、心の不動を求めるということでもあり、古来からそのための稽古の工夫がなされてきました。

この心眼の目という表現は、どちらかと言うと精神論的な捉え方として扱われますが、同じく古来から伝わる「遠山（えんざん）の目付け」という言葉のほうは、具体的なこととして稽古の中にも取り入れられています。

これは、遠い山並みを見るような目をもって近くの相手を見るというもので、形上は実際できますが、それは真の目付けではありません。なぜなら「遠山の目付け」とは心眼の目のあり方を、具体的な形、方法としてわかりやすく言葉で表現したものであって、心眼の目が「できた」結果が「遠山の目付け」になるからです。

以上述べてきたように、目については、現在に見られるような分析的な捉え方や動体視力的な捉え方では、武術的に言えば限度があると考えます。これらは「観る」ではなく「見る」範疇に属しているからです。

身体脳の開発メソッド

潜在能力を引き出す身体脳

古伝の極意とも言うべき技の実現には、心のあり方や相手との調和・融合などを抜きにしては難しいところがあります。そういうことをすべて可能にする方法として、古伝空手を通して発見した「身体脳」があります。

人にはそれぞれ素晴らしい潜在能力があります。その潜在能力は身体脳という考えに基づいた「身体脳の開発」によって引き出すことができます。現在の、知識を詰め込む方式の教育は、結果的には相対的世界、すなわち競争意識を強めることにつながります。それは調和・融合と相反します。

心を出発点とし、身体からの情報のインプット、アウトプットの中枢としての「身体脳」、そしてそれに基づく「身体脳開発メソッド」の実践は、現状の教育とは異なる観点から、身体を通して、人間としての知的レベルアップを可能にすると考えます。そのことによって、世界に発信、融合できる人材が育成できるという希望をいだいています。

型は身体脳を目覚めさせる原点

武術稽古の究極の姿は自然体、平常心にあります。その武術稽古のステップとして、実践を主体にした術技の修得システムが準備されていることが必要です。とくに武術としての術技を修得するには、少なくともその原点となる「型」は絶対的なものと言えます。技の段階においては意識的に稽古し、術の段階では無意識に、すなわち咄嗟に技が出るようにならなければなりません。

そのような無意識化のレベルに技をもっていくには、無意識下の記憶としての身体脳の開発は絶対条件です。その身体脳の開発の最良の方法が「型」と「型の分解組手」になります。

宇城空手の型は、型そのものが組手の源泉になります。もちろん稽古システムにも関係しますが、型と型の分解組手の稽古によって、組手に使える術技が創出できるようになります。それはこの二つの稽古によって理屈抜きに身体脳が目覚め、開発されるからです。また身体脳が開発されることによって、二つの稽古で覚えた技が無意識化された「術」になるからです。

ただし、これは武術の型に限って言えることです。現在の競技空手は型の技が組手の中で使われることはほとんどなく、また試合においても型競技と組手競技は分けられ、型と組手に相関性は見られないのが実態です。このようなスポーツ化されたり競技化されたりした型では身体脳は目覚めません。なぜならそれはパワー・力を主体にした型に変容しているからであり、そうした型は意識が先行するため、身体を支配しているところが頭脳となるからです。

これに対し宇城空手の型は意識ではなく、心が働くようになっています。心は身体脳に働きかけるので、型によって身体脳を目覚めさせることができるのです。

身体脳の開発にとって重要なことは、体系化されたシステムを持ち実践プログラムを一触を通して稽古するということです。

また意識のあり方が相対的であるか絶対的であるかによって、その動きは本質的に異なってきます。意識が相対的の場合は頭脳経由となり、絶対的の場合は身体脳経由となります。

その差異はいろいろな方法で確認、検証することができます。その差異とは、身体の居付きの有無であったり、見の目か観の目かであったり、パワー的な力かゼロの力かであったりなどです。このような差異、つまり頭脳経由か身体脳経由かは、稽古を通して認識することができます。この差異を明確に認識することは、稽古の目標・ポイントをつかむ上で大事なことです。

心と意識

武術において術技はもちろんのことですが、それ以上に重要なのが心のあり方です。術技においては、心を出発点とした身体脳による身体動作は自由であるのに対し、意識を出発点とした頭脳による身体動作は居付きを生じます。

心を本質とした身体動作は相当な稽古の結果得られるものであり、それに対し意識による身体動作は誰もができる内容のものです。

私は、武術空手を通して「心と身体」および「意識と身体」ということに非常に関心を持つようになりました。それは心と意識が、武術空手における術技に大きく影響するからです。武術にとって究極である自然体と平常心を得るには、心身の居付きがあってはなりません。

この心身が居付くか自由となるかには「心と意識」が深く関係してきます。それにはあまりにも複雑多岐にわたる連鎖系が考えられますが、これらの現象を解き明かし、心身の自由を得るためには、「身体脳の開発」こそ有効な方法であると考えています。

とらわれない心

身体動作を頭で考えると心がとらわれます。心がとらわれると身体の動きは当然居付いてしまい、そこでの動きというのは意識による動作になり自然なものではありません。

心がとらわれないためには、頭脳ではなく身体脳によって考え動くことが重要です。身体脳によるとは、身体を統一体として捉えることができるということです。型はそのような身体脳の開発に重要な役割を果たします。

たとえばセイサンの型に貫手と蹴りを同時にするところがあります。同時にするということは頭で考えてできるものではありません。

よく見かける「同時」というのは、ただ外面的にするだけで、貫手と蹴りそれぞれにエネルギーが内在しているわけではありません。本来は、貫手、蹴り両方とも生きていなければならないのです。

貫手と蹴りを頭で考えて同時にする、または意識して同時にするというのは、心がとらわれているのであり、心がとらわれている時は心身の一致は起こり得ませんから、真の技にはなりません。

本来の「同時」とは、最初は頭で意識してやることから入り、次第に身体脳が目覚め、身体脳の開発を伴いながら身体が感じ、それがそのまま動きになり、どこにも違和感なく貫手と蹴りが出せるようになるというものです。

すなわち貫手と蹴りを同時にするという型を通して、内面の貫手と蹴りが一つの経路で結ばれた「同時の一致」ということを身体が捉えていくのです。そのようなことを通して型がとらわれない心への導きをしてくれるわけです。

型稽古によってスムーズな身体動作を求め、さらに瞬発力の極めを求め、考えて行なう型から身体で感じて行なう型に移行した時、身体脳が開発され、心はとらわれないものになっていきます。

身体脳の開発に必要な一人稽古

毎日稽古をやるかやらないかでは大きな差が出ます。

その毎日の稽古も、強制的なものでなく自らの気持ちでやることが必要です。

稽古の中から発見・気づきを得ようと思うならば、まず稽古を始めることです。そして継続することです。継続も、その間隔が重要であり、間隔が短ければ短いほど多くの気づきがあります。それらの気づきは頭でわかるというより、身体でわかるというものです。身体でわかるとは、身体の中での微妙な変化、それも全身体につながる変化を捉えられるようになるということです。

そしてある時一つひとつの挙動において、それまで納得しなかった身体の感覚が納得できるようになります。それはちょうど自転車に「乗れる」と身体が感じた瞬間に似ています。このような「身体が感じる、考える」が身体脳になるわけです。

こういう身体感覚は一人稽古でしか得られないものです。それほど一人稽古は身体の内面に集中できます。

自転車の例でもよくわかると思いますが、毎日実践練習することがどんな理屈よりも優ります。頭でわかっていても身体脳の開発が伴わなければ、乗れるようにはなりません。毎日でなくても時々でも気づきはあります。しかし毎日やっている時の気づきは、時々の稽古とその深さが違っており、時々の稽古では得られないものです。

毎日稽古するには、自分の置かれた環境にもよりますが、本質的には稽古が楽しくなければなりません。そのためには稽古に魅力を感じることであり、感動を覚えることであり、稽古によってできなかったことができるようになることを実感していくことだと思います。

そして、稽古が二四時間を通して頭から離れなくなった時、本当の深さ、本当の楽しさは見えてきます。極めていくという人は、少なくともそういうことを当たり前のこととしてやってきた人だと思います。

継続の稽古を通して得られる身体の中の変化、気づきを、まず身体で捉えることによって、次第にその感覚を認識できるようになります。認識ができるようになると、今度はその再現ができるようになり、さらにその普遍性を検証することによって、はじめて技が修得できたということになります。

このように型は、身体内面の集中に欠かせない毎日の一人稽古にとってはもちろん、古伝の術技を身につけるための身体脳の開発にはなくてはならないものと言えます。

第四章

呼吸と呼吸力

呼吸から呼吸力へ

武術の呼吸

武術における攻防は相手の動作に反応していたのではすでに遅く、かと言って一方的に攻撃をしかけていって相手を制するというレベルでも当然ありません。相手の事の起こりを察知し、相手に調和し、相手を虚にさせることによって、相手を制するのが武術の本質だと考えています。いくら豪拳であっても、それより速いスピードでこちらが打ち込むならば、相手の豪拳は虚となります。あるいは相手の豪拳を見切ることによっても虚になり、柔をもって対処しても虚となります。

これらのすべての根源は「呼吸」にあります。

組手の攻防において相手に入り込む時、相手とのタイミングを見はからったり、フェイントをかけて入り込むなどは一般的に見られるものですが、これはスポーツ的な入り込みです。競技試合ではそれで良いと思いますが、やはり武術的な入り込みとしては、相手に確実に入ることが必要です。

入り込みの基本は古伝の教えである「三つの先」（一一三頁参照）にあります。この三つの先を実践するためには、呼吸を呼吸力にする、すなわち身体に気が流れるようにする必要があります。この三つの先のいずれかで入り込むことによって、相手の身体の呼吸を止め、相手の重心を浮かすことができます。このような状態にすると、その後の技の展開はスムーズになります。また接近した組手の攻防においては、呼吸力はなおいっそう重要です。呼吸力が弱ければ、力対力の攻防になってしまうからです。

正しい姿勢と身体の呼吸

正しい姿勢は型を通して創られます。もう少し正確に言いますと、型で創られる外面の姿勢と身体の内面が一致して、はじめて正しい姿勢ができます。

姿勢という言葉は「姿」に「勢い」と書きます。型によって創られる姿に身体の内面が伴うことによって、型は美しくなり、かつ型の中の技に勢いが出てきます。それが正しい姿勢です。その結果、あるいはそれと並行して自然と身体の呼吸ができるようになります。

身体の呼吸ができるようになると、型に内包されている見えない術技に気づき、さらなるフィードバックが始まり、レベルアップが進んでいきます。ここに型の稽古の真の意味があり、それが理解されると、そのおもしろさがわかってきます。

呼吸と言えば口から吸ったり吐いたりすることが一般的な考えですが、武術の場合の呼吸は、その意図するところがかなり違っています。つまり身体の呼吸のことであり、それは身体の中に気が流れていることを意味します。身体に気が流れていないと身体の内部は部分体となり、したがって居付いたような状況になり、その時の身体は無防備の状態になります。身体に気が流れている時の呼吸は強くて深い呼吸になりますが、気が流れていない場合は、表面上の浅くて軽い呼吸になります。

たとえば相手に突きを入れる場合、瞬間気合を入れますが、その時ほとんどの場合呼吸を止めてしまっています。そのほうが力が入るように感じられるからですが、そのような呼吸を止めた突きは実際には表面上の攻撃力となり、相手に貫通するような破壊力のある突きとはなりません。それは呼吸を止めることによって身体の居付きが起こり、手だけの突きになるからです。また威力を増すために身体に捻じりを加えて突いたとしてもその本質は同じで、威力は手だけの時よりは増しますが、接触点の消えた貫通する突きとは本質的に異なります。

これに対し武術空手の当破とは、第一章でも述べたように、呼吸を締め相手の急所に突きを打ち込む、貫通する突きのことです。これは身体の中に気が流れてはじめてできるものです。気の流れは当然、指の先にまで顕著に表われます。空手独特の貫手も指の先まで気が流れることで威力を発揮します。また相手の手を握ったり物を持っても、軽く握っているようでも、指先からくる握る力は強いものとなります。刀であれば剣先が生きてきます。

このように身体の呼吸、すなわち身体に気を流すということは非常に重要であり、とくに構えの姿勢において身体に気を流すことができるかどうかは、相手を制するための先を取れるかどうかにつながります。

呼吸から呼吸力へ

スムーズな動き、瞬発力、ゼロの力などは呼吸を根源としており、呼吸を根源とした術技は武術としての絶対条件と言えるものです。このように呼吸によって創り出される力のことを呼吸力と位置付けています。

呼吸を呼吸力とするには、意識的に呼吸法を稽古し、最終的には身体に気を流すレベルにしなければなりません。

宇城空手での呼吸の基本はまずサンチンの型で稽古します。沖縄古伝の多数の型の中で型の動きに呼吸を見せるのは、唯一このサンチンの型だけです。それだけに古伝のサンチンの型を通して呼吸の何たるかを見極めることは重要であり、かつ呼吸を身につけることは、武術空手を目指す上で大きな財産となります。

また同時に呼吸という山は、登れば登るほどその高さを体感できるものです。ここに「一生涯かけても」という無限の魅力と偉大さを感じます。

呼吸の延長線上には力に頼らない力、ゼロの力、柔らかくてひっかかりのない一挙動の動き、無から一瞬に爆発させる瞬発力などがあり、その発見には数限りないものがあります。

さらに呼吸の追究は、相対的世界から絶対的世界への移行を必然的にうながします。相対的世界では意識が最優先してしまうため、自然体の呼吸が創れません。

絶対的世界における稽古は、術技の修得にも大きな変化と成長・進歩をもたらします。

その中でも最大の進歩は、相手との調和・融合によって相手を無力化することができるという気づきであり、その実現です。

相手を単に倒すためであれば、調和・融合する必要はないかもしれませんが、それでは常に「一か八か」の世界になってしまいます。

内面のエネルギーを創る呼吸

組手の攻防における相手の攻撃に対して、一般的には円の原理、捌きの原理などが有効な方法として活用されています。しなやかさを伴った終わりのない動きからの反撃技は非常に有効ですが、この原理の本質は相手との衝突を避け、また相手の力を流すことにあります。

一方、武術空手の特徴は、直線が基本で、直線の内面に回転がかかっているというものです。つまり表面上は直線ですが、内面には回転がかかっており、相手との接触点においても内面の回転エネルギーがそのまま相手の中に貫通していくことによって、接触点での衝突は起こらず、逆に接触点を通して相手との調和がはかれます。それは接触点を通して相手の情報を瞬時にキャッチしているからです。

つまり、この接触点からの情報が身体脳で処理され、相手との調和をもたらしているわけです。

身体脳からの処理・アウトプットは、無意識レベルで行なわれるので自然な動きとなります。

この直線の中の回転のもとになるのが呼吸です。呼吸の力が強くなると、内面の働きはそれに伴って強くなり、接触点なしでも、すなわち触れなくても、相手の内面の情報をキャッチし、相手を制することができるようになります。これが呼吸のパワーであり、心身一致による集中力から得られる「気」です。この「気」があるから、相手の中に入っていくことができると言えます。このように武術の術技というものは外に力を見せるのではなく、内面の働きによってそのエネルギーを創ります。

呼吸は筋肉のように加齢によって弱くなることはありません。逆に強くなっていくのが呼吸です。

ゆっくりとして速い動き

武術の動きとしてよく言われるのが「ゆっくりとして速い」とか「消える」とか「ワープする」などですが、なぜこのような動きに見えるのでしょうか。

それは動きや速さに対する武術的な考えが一般的な概念と異なるからと言えます。その違いはそのまま身体動作にも表現されます。

現代空手、剣道などの試合等においてもスピードは重要です。しかし、そのスピードは武術サイドからするとゆっくり見えます。つまり相手がいくら速い動きをしているようでも、目で追えるため、その動きはゆっくり、あるいは瞬間止まっているように見えます。

その差の本質は内面にあります。

武術における動きは外形のゆっくりした動きと異なって、内面は超高速化されています。すなわち、回転しているコマと同じようなことが内面で起きているわけです。

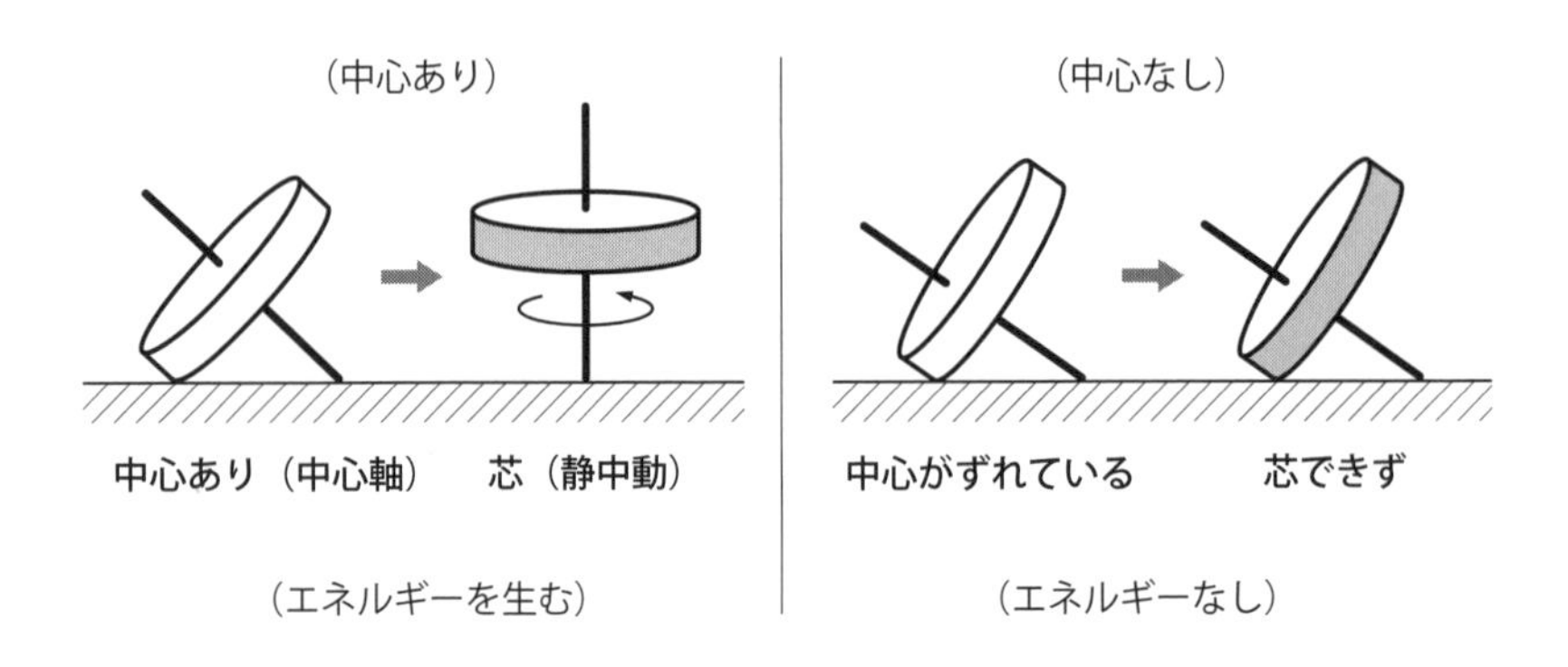

図7. 回転によって生じる芯とエネルギー

図7は静止しているコマと回転しているコマを表わしています。静止したコマは中心軸があっても立つことはできません。一方、回転しているコマは、立っていて静止しているように見えますが、触れるとはじき飛ばす力があります。またそのコマの芯棒は、接地面にくい込んでいくエネルギーも持っています。さらに、コマをはじくとワープ（瞬間移動）します。

このように回転するコマにはいろいろなエネルギーが

内在しています（静中動）。しかし、そのためには中心軸がしっかりしていなければなりません。型と分解組手の関係にもよく似ていると思います。

内面が超高速化されていると、外形の動きは事の起こりに対して足のバネを効かすというようなこともなく、スムーズに身体動作を行なうことができます。

実際内面を超高速化し回転をかけると、瞬時に体温が上がり身体が熱くなっていくのがわかります。気の流れが生じる結果、そうなるのだと思います。

図８①（次頁）は、相手との間合いにおいて、相手に対して自分が回転しているコマのエネルギーと同じような状態で対応している概念を示したものです。相手との物理的な距離は一定でも、図８②では入ってこれるのに、図８①では入りにくいというのは、こちらのエネルギーによって相手から見ると「間（ま）」が詰むように感じられるからです。

このコマの回転に相当するのが内面の働きです。その働きを生むのが呼吸です。

外見上はその呼吸による変化は見えませんが、対面した相手には感じられるものであり、自分の内面の法則性に気づけばできるものです。

このエネルギーの度合いをいかに高めていくかに稽古の重要性があります。呼吸を根源とした「事理一致」によって身体にエネルギーが創出され、図８①および図９（次頁）のような相手の制し方が可能となります。

（図８①の実践）

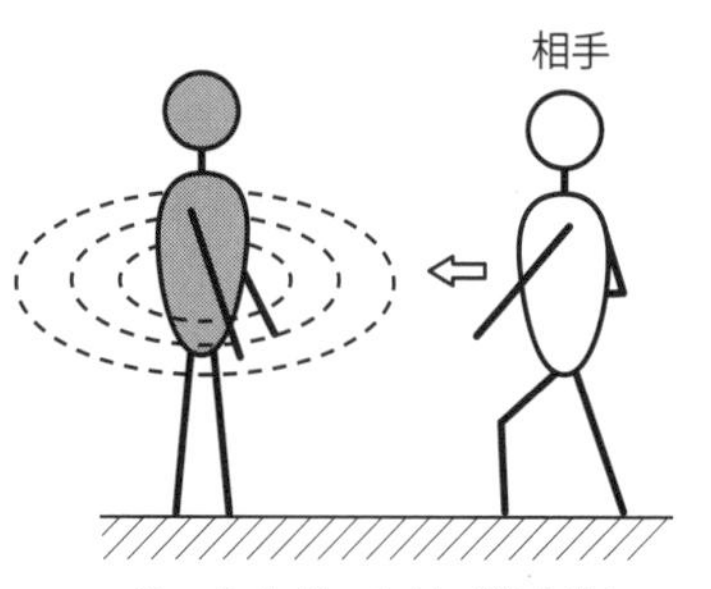

①エネルギーあり（静中動）
（写真①②③）

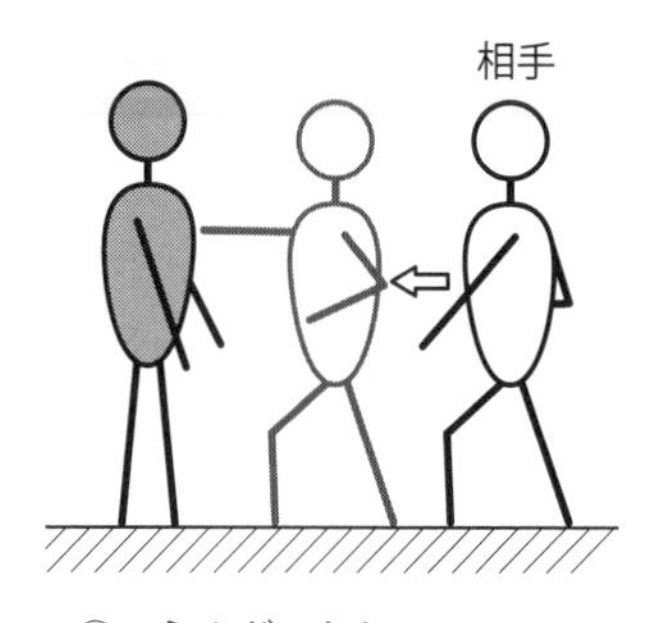

②エネルギーなし

図８．呼吸によって生じる
エネルギー

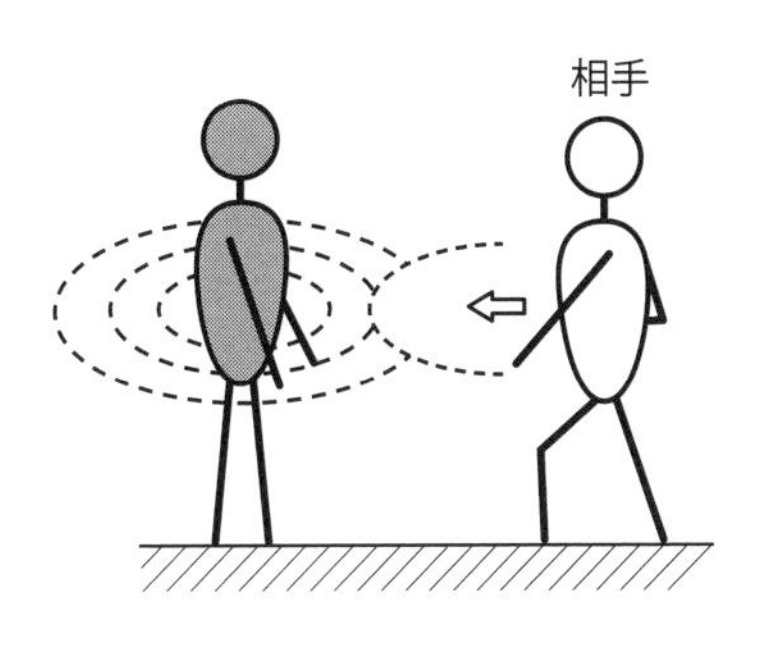

図９.「後の先」の概念

相手との融合

図９は攻撃してくる相手をエアポケットに引き込むようにしているところです。当然こちらの間合いの中にあるので、相手はこちらの後の先をくらうことになります。

また図９のような状況下での相手の攻撃は、いったん動き出すと軌道修正がきかなくなり、こちらの防御、反撃に対して反応は手遅れになります。それは頭ではわかっていても身体での反応ができないからです。つまり、目（肉眼）→頭（脳）→身体のルートになっているからです。観の目→身体脳→身体のプロセスでなければ間に合いません。

武術空手では型と分解組手を通して術技を創出し、無意識化した非可逆ステップアップの身体動作が必要です。

また武術空手の稽古においては、基本組手と分解組手は「後の先」で行ない、事理一致の実現による相手との調和・融合によって相手を制するという高いレベルの組手にしていくことが重要だと思います。

後の先　（図9の実践）

①構え
②相手の攻撃を引き込むようにしながら
③入り込んで上段突きをする。

②'相手の攻撃を引き込むようにして
③'首へ手刀打ちをする。

真の勝利すなわち相手を制するには、相手との調和・融合が必要です。相手との調和・融合とは、相手の動きが見え（読め）、同時に相手の動きを包み込むことができなければなりません。

そのためには、「自分の目を鏡とし、その鏡に相手を写し、額で見る」（座波先生の教え）ことが必要です。相手の動きを肉眼の目で追いかけていたのでは、対応が遅れ後手にまわり、相手との調和・融合は不可能です。

動きや重心の移動についての質問をよく受けますが、先ほどの回転しているコマの移動を見ればわかるように、ワープ（瞬間移動）するような感じが必要だと思います。いかなる状況にあっても常に先が取れるよう、呼吸によって身体のエネルギーを高めておくことが必要です。

このように身体の内面に回転力がかかる時が呼吸が呼吸力に変わる時です。口で吸ったり吐いたりする呼吸は、同じ呼吸でも呼吸力にすることはできません。それは生命体として必要な呼吸であり重要な意味はありますが、術技としての身体動作上の呼吸とは本質的に異なります。

呼吸を正しく身につけることで、このような武術の動きに必要な内面が創られます。

この内面の超高速化というのは、イメージによってできるようになるものではなく、体系化された実践プログラムを通した身体脳の開発により可能となります。

呼吸は漠然とやっていたのでは呼吸力になりません。呼吸力とは呼吸による内面の一体化であり、内面の超高速化です。それは先ほども述べたように、外面はゆっくりで速い動きであったり、消える動きであったり、あるいは瞬発力であったり、ゼロの力であったりなどの具体的な事象として表現されます。このように呼吸をいかに呼吸力にしていくか、そして呼吸力をいかに高めていくか、それが稽古における重要な点です。

呼吸を根源にしているからこそ、そこから得られるエネルギーは無限です。ここに武術の深さと魅力を感じます。やればやるほど術技に磨きがかかり、終わりがないということです。

力を抜くということ

基本、型、組手の稽古を通して、力を抜けとは誰もがいやというほど言われた言葉ではないかと思います。力を入れることは簡単にできますが、力を抜くことはそう簡単ではありません。たいていの人は力を抜くと腑抜けになります。これでは話になりません。

大空を飛ぶ鳥、大海を泳ぐ魚、そして大地を駆ける動物など、人間以外の自然界のあらゆる生命体は、すべて自然体で力が入っていません。しかし、私たち人間はそう簡単に力を抜くことができません。なぜ力を抜くことがそう難しいのでしょうか。それは、その本質とするところが、頭で考えるのか、身体で考えるのかの違いにあるからです。

頭で考えるのは意識的なもので、意識的にやっている時は真の意味で力を抜くことはできません。

一方、身体で考えるようにすれば、力は抜けるようになっていきます。身体で考える例として、自転車に乗る、泳ぐなどの稽古があります。これらのことは理論、理屈ではなく身体を通して身につきます。

空手には古来から極意としての「型」が伝承されています。この型を通しての稽古が身体で考えるということです。型稽古によって導かれる姿勢や動きから、自然と力を抜くことの身体感覚が創られていきます。

力の抜けた姿勢、動きから、真の力、自然の動きが出てくることを体感します。そのことを通して力を抜く真の意味がわかるようになります。さらに、型によって創られていく身体のあり方や技の検証方法が型の分解組手です。

このように身体で考える、体感を通した方法によって、脳に柔らかさや自然の動き、そして力を抜くことがインプットされるわけです。

型を通しての稽古の大きな意義は、最初は意識的な稽古であっても、このように「体感→脳→身体」の身体脳システムによって、術が無意識に出るレベルに変化していくことにあります。

型というのは一人でできます。一人の稽古だからこそ、身体の内面への問いかけができ、身体で考えることができるようになります。しかし一人稽古は我流になりがちですから、それを見極めてくれる師の存在は絶対と言えます。

一方、強くなるための近道と考えられている組手優先の稽古は、どうしても相対的かつ外面中心になり、意識が先行します。結果的に、使える術技の創出と、その本質とするところの柔らかさができにくくなるのです。

ゼロ化

自分のゼロ化と相手のゼロ化

現代空手の組手に見られる攻防は、攻撃としての突きや蹴り、防御としての受けやさばき、身体の変化などを連携し組み合わせることによって行なわれています。その内容は力を中心にした攻防であり、それは、当然筋力トレーニング等によるパワーアップに結びついていきます。

筋力トレーニング等によるパワーアップの課題は、加齢に対する答えを持っていないということです。つまりある年齢を越えるとパワーは確実に低下していき、その低下は筋力トレーニング的な運動では防ぐことはできないということです。それは加齢による身体のあり方と筋力トレーニングのあいだに無理が生じるからです。したがってこのような力を主体にした組手の攻防は年齢的に限度があり、三十歳を過ぎる頃から現役引退が目立ってきます。

しかし、武術的な稽古のあり方や考え方は年齢に対しての答えを持っています。武術的な稽古とは、力を主体とせず呼吸を根源とし、統一体としての身体を創り上げ、かつ心身一致による呼吸力によってゼロの力や気など、武術として必要な身体要素を創り上げていくという方法だからです。

呼吸を根源とした心身の一致、すなわち「事理一致」の稽古は、自分自身のゼロ化、すなわち相手との調和を可能にします。そして調和は、融合を可とし、相手はゼロ化されます。相手のゼロ化とは、相手が自分自身をコントロールできず無力化されることです。具体的には次のような現象が相手に起こります。

●途中の変化ができない。
たとえば、こちらに攻撃の突きを入れようとして打ち込む瞬間、こちらが変化しているにもかかわらず自分の変化がきかず、こちらの動きを追えない。

●身体の中心が消えてしまう。
一般的には身体の中心があって安定を保っているが、中心を消されることによって身体の呼吸が止まり、重心が上がってしまう結果、不安定になる。

●自分の意思を出そうとしても出すことができない。
通常は自分の意思と身体動作は一致するので、意思にしたがって諸動作ができるが、たとえばゼロ化されるとこちらの攻撃を受けようとしても意思が働かないので受けることができなくなる。

●居付いてしまう。
これは自分のコントロールができないので自然と居付いてしまう。

以上のような現象にあることを「死に体（したい）」になる、と言います。このような無力化されている相手に対して、突き、蹴り、打ちを入れることになります。

無力化されている相手に突き、蹴りを入れることは危険を伴います。そのために「止める」ことが必要になります。止めるにはかなりの術技が必要です。止めるためには拳が流れない瞬発力の突きという術技が必要です。当てにいく突きは拳が流れてしまうので、止めることができません。しかしそのような突きは当たってもたいして効くものではありません。

武術の突き、拳による瞬発力というのは、止める瞬間、その内部エネルギーは最大で維持されていなければなりません。したがって寸止めする瞬間に最大のエネルギーがあるので、寸止めしても、そのエネルギーが相手に貫通していくので、相手は無意識に観念することになります。

F1レースにおけるF1カーが、スタートの瞬発に備えてエンジンの回転を上げてチェッカーフラッグが降ろされるのを待機しているような状態です。構えた時、攻撃する瞬間、防御する瞬間、瞬時に内部のエネルギーを高めることができることが必要です。

究極の投げは相手のゼロ化

空手における投げ技は、当然のことながら空手の突き蹴りの攻撃に対しての投げ技になります。実践するとわかることですが、投げようという気持ちがあると投げられません、投げる前に相手の突き蹴りの餌食になります。

また投げは力に頼ってもまずかかりません。空手における投げは瞬発的な空手の突きをベースにした呼吸力によって投げます。つまり、瞬発の突きができる身体があって、はじめてそれに対応する投げも可能になるということです。

また投げがかからないというのは、その突きも真の突きではないということです。なぜなら突きにも投げにも内面のエネルギーが関係しているからです。つまり当破的な突きができれば投げもかかるということであり、押し突き的な突きでは投げはかからないということです。

投げの本質は投げる瞬間、相手とのあいだに衝突が生じないことです。衝突が生じると身体に居付きができ、呼吸は止まり、身体の呼吸力はなくなり、投げはかかりません。それは瞬発力の突きを生み出す場合でも同じことが言えます。

この投げがレベルアップすると、「相手をゼロ化、すなわち無力化して投げる」ということにつながります。この場合はさらに強い身体の呼吸力が必要となってきます。

いずれにしろ内面の呼吸から呼吸力に変える力を鍛えることが肝要です。

相手に触れさせない自分のゼロ化

実戦を想定した時は相手に触れさせないことが必要だと思います。そのくらいスピードと瞬発力が要求されます。その触れさせない稽古のひとつの方法が、竹刀や木刀を相手に行なう稽古です。

竹刀や木刀を相手にすることによって、素手では得られない感覚や意識を高めることができます。松尾芭蕉の根本理念の一つに「不易流行」という言葉があります。芸術の本質の永遠性ならびに不変性が不易であり、その時代とともに変化する流動性が「流行」であるということです。つまり、その本質を失わずに、その時代その時代を背景にして活かせた時、また活かせてこそ不易流行だということです。まさに不易が武術であるならば、今の武道は流行でなければなりませんが、残念ながらそうはならずに、今はスポーツ武道になっていると言えます。

不変の原点があって、時代の変化に合わせていく流行（常に迷ったら戻れるところがある流行）を併せ持つことこそが永遠の発展につながっていくと思います。まさに「古を好み、述べてつくらず」ではないかと思います。

稽古によって起こった身体の変化

稽古を通して私の身体にいろいろな変化が出てきました。ふつう身体の皮膚はつかむことができ、またつまむと非常に痛いものですが、私の場合、つかもうとしてもつかみにくい。つまり滑るというか、かなり弾力があるのです。また、鳩尾がかなりゆるみます。木刀などで押すと五センチくらいへこみますが、逆にそれを瞬時にはじき返すこともできます。しかしこうした変化を得るために鍛錬をしたことは一切なく、いつの間にかなっていたということです。

身体がそのような変化を起こすことと、「ゼロの力」とはおおいに関係します。

たとえば攻防における相手への貫手（ぬきて）攻撃ですが、ゼロの力による貫手攻撃は、相手の身体の中に自分の貫手が食い込んでいきます。それはゼロの力によって相手との接触点に衝突が生じないため、相手の身体が反応できず、つまり無防備状態にあるので、相手の身体が柔らかいままにあるからです。

しかし一般的には力を使う攻撃のため、相手に触れた瞬間、相手の身体は無意識に自分を守るために硬くなります。したがって貫手の指先が衝突を起こします。相手の身体が硬い場合、逆に指が折れかねません。ですからゼロの力を生み出す元になる身体を創り上げていくことが同時進行で必要であるわけです。接触点は意識して消せるものではなく、身体が変化してきているからこそ消せるのです。

相対から絶対の世界へ

武術的身体を創造するためには、絶対的世界の中で稽古し、相対的世界に心が動かされなくなることが必要です。とくに武術、武道、格闘技は相手との戦いそのものであり、まさに相対のお手本みたいなもので、いかにして相手を倒すかの世界です。しかし、ここにこそ大きな課題とヒントがあります。

武術の歴史を見ると、生死をかけた実戦が要求された時代があり、身近なところでは幕末がまさにその状況にありました。また少し時代を遡ると、柳生新陰流の「無刀取り」、宮本武蔵の「剣禅一如」、山岡鉄舟の「無刀流」あるいは「事理一致」などのような、剣豪と言われた人たちの剣術に対するあり方に見ることができます。

その本質は相対的世界から絶対的世界への転身であり気づきにあります。すべての根源は心にあり、心が相手にも自分にも奪われないことであり、動かされないことであり、そこに武術稽古の重要な意味があったことを示しています。つまり絶対的世界に身を置いて稽古し、相対してしも動じない心を創り上げることに稽古の意味があったと考えます。

古伝の型はそれらを型の中に継承しており、またそれを教えてくれます。しかし大事なことは、それを再現してはじめて生かすことができるということです。

このように、歴史的事実や、とくに心のあり方の重要性からしても、絶対的世界に身を置いて稽古するということは重要なことです。

第五章

型と分解組手・組手

型は極意の集積

型稽古が促す気づき

型の重要性は、型の稽古を通して型の中のいろいろな術技の理合、心身の一致を理屈抜きに感じられることであり、また数をこなすほど、奥の深さを身体で感じさせられるところにあります。型稽古には日々の発見、気づきがあります。気づきは自分にとってはたいへんな感動であり、それは先人の誰もが経験した一通過点だと思います。

日々の発見、気づきは、誰かに自慢したくなるくらい感動的ですが、それ以上に、それが術技にどう生きてくるのか、生かされてくるのか、そしてその術技が分解組手、変化、応用組手に生かせることがわかった時、さらにそれが思いのままに使えるようになった時の感動は格別です。この発見、気づきは初心の時よりも、ある程度経験を積んだところから加速していきます。

「型」を通しての日々の発見、気づきは多種多様です。そして、それらの多種多様でバラバラな気づきは山の頂上に向かって関連づけられながら収束していきます。それはあたかもランダムに見えていた気づきから法則性を見出していくような感じです。それは突きに対する法則性であったり、蹴りに対しての法則性であったり、防御、投げ、身体の内面、呼吸……などに対する法則性です。

身体の内面で言えば、バラバラになっている身体の部分部分が一つの統一体になっていくことであり、さらに身体は心と結びつき、心身の一体化により身体は自由に動くようになります。このようにバラバラに見えていた気づきも、ステップを踏んで一つの法則性に収束していきます。さらにそのような法則性の中から、心身の一致による集中によって、究極の術技とも言える「気」を発することができるようになります。

さらに「気」は、武術の究極である戦わずして勝つという調和・融合に結びついていきます。型には繰り返しの稽古に耐え得るエネルギーが存在し、その繰り返しによって、武術の術技に必要な多くの解答を引き出すことができます。ここに型の重要性があります。

単純な技から練られた技に

たとえばサンチンの型の「腕受け」一つを取っても、そこからいくつもの技の展開ができます。

▼腕受け

▼腕受けからの攻撃　その①

①構え

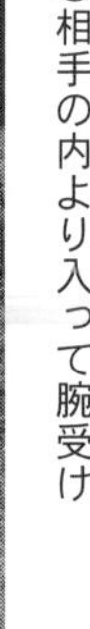

②相手の内より入って腕受け

③顔面に突きを入れる。

▼腕受けからの攻撃　その②

①相手の外より入って腕受け

②腕受けした手で、そのまま顔面へ突きを入れる。

②'腕受けした手で、そのまま脇腹に突きを入れる。

▼腕受けからの投げ　その③

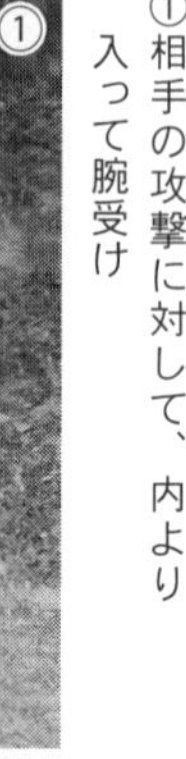

①相手の攻撃に対して、内より入って腕受け

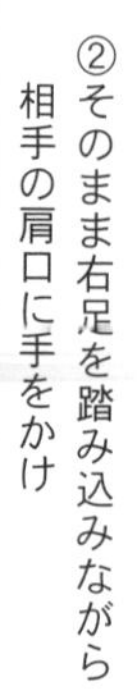

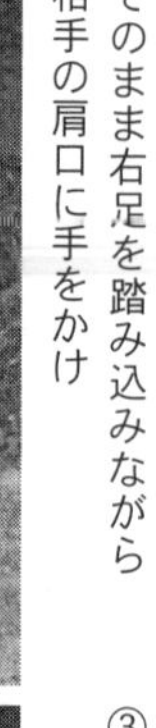

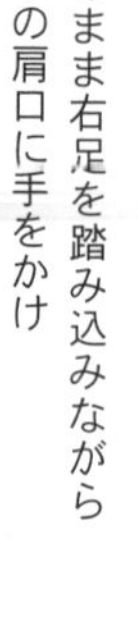

②そのまま右足を踏み込みながら相手の肩口に手をかけ

③投げに入る。

このように単純に見える腕受けと言えども、いくつもの技の展開が可能となります。これらの術技がスムーズに使え、また活かされるためには、まず型稽古を通して外面としての正しい姿勢を身につけ、次に型稽古の繰り返しによって内面の充実をはかります。そのことによって内面と外面の一体化が必然的に始まります。

重要な点は、腕受けで内、外どちらに入り込んでも、入り込む瞬間、相手の身体の呼吸を止め、重心を浮かしているということです。そのことによって相手は居付き、棒立ちになった感じとなり、こちらの防御からの反撃に対して反応することができません。

型を稽古して創出された術技は、単純な腕受けからあらゆる技を繰り出す練れた腕受けに成長します。

単純な技から練れた技になるということは、外見上は同じに見えても、内面の変化、さらには内面と外面の一体化などのレベルアップにより、あらゆる変化への対応ができる身体が構築されていくということです。

たとえば外見上の「肩を下げ、肘を締める姿勢」は、突きの瞬発力や種々の防御技にとって必要不可欠の姿勢ですが、これに内面の変化が加わり、さらに内面と外面が一体化されることによって、外見上は同じに見えても、その一巡した変化成長によって、あらゆる変化を可能にする練れた技にステップアップしていくということです。

型は鋳型であり不変なものです。その鋳型にはめ込むことによって築き上げた外形こそ、内面の変化、内外面の一致を可能とし、そこに自分の形が生まれる原点があります。

型と呼吸の一体化が創り出すもの

身体の自由な動きの根源は型の中の呼吸にあります。型の中の呼吸とあえて言っているのは、呼吸単独の稽古で自由な身体の動きを創り出すのは難しいからです。身体の自由は型稽古による型の動きと呼吸の一体化によって生まれます。また型の中の極めにおける瞬発力も、型と呼吸の一体化によって生まれます。

型の構成および動作は古伝の不変のものとして定まっていますが、その定まった構成と動作に身体の動きをはめ込み、すべてが一体になることを感じ取っていくところに、型稽古の重要性があります。そのような一体感と呼吸によって、型の中の極めや瞬発力、そして勢いは生まれてきます。

正しい姿勢、すなわち型による姿勢を築き上げることによって呼吸ができ、力が自然と抜け、極めや瞬発力、勢いが生まれてきます。さらにこの瞬発力、勢いを創るには呼吸が呼吸力となる必要があります。

組手の攻防において相対の構えを取ると、その時点で意思が働き身体には居付きが生じます。身体が自由に働くためには、相対の中にあっても絶対性が必要です。ここに型稽古の持つもう一つの意味があります。すなわち型の中の技の構成は相手との攻防という相対となっていますが、型稽古そのものは一人で行なうもので、相対をとらずにできるということです。

相対の中における絶対とは、意思、意識の働きを捨て、とらわれない心で相手との調和をはかり、相手と融合するということです。絶対的世界における調和・融合の根源は「心」にあり、「心」と「術技」が一つになって、武術にふさわしい術技となると言えます。

型から真の術技を生み出す

型を稽古する姿勢、また学ぶ姿勢については、ただ型をするだけでなく、空手が生まれた背景、沖縄の歴史とその心を知るということが重要であることはすでに述べました。

型の稽古はそのプロセスと方法によって大きく結果が異なります。スポーツ化された型は問題外として、伝統の型と言えどもそのプロセス・方法を誤ると、型の中にある真の術技の創出は難しくなります。

第一章でも詳しく述べましたが、初心のうちの型の稽古は外面主体の稽古になります。すなわち、先生の型を目で見て先生の説明を耳で聞いて学ぶというものです。当然この段階では目で見たものは脳にインプットされ、また耳で聞いたものも脳にインプットされます。したがってアウトプットも当然のことながら脳からになります。

脳からの命令で行なっているあいだは身体には居付きが生じます。この居付きをなくすには外面から内面への移行が必要です。内面への移行は、脳で考えることから身体で感じ、考えるということです。この身体が感じ考えることの本質が「身体脳」です。身体脳の身体における位置付けおよび概念は第三章に示している通りです。

この身体脳を身につける、すなわち身体脳を開発することによって、術技に大きな変化が出てきます。まず最大の効果は居付きがなくなるということです。居付きがなくなることによって術技は自然の流れとなり、すべての術技が一（いち）の動作でできるようになります。

この一の動作というのは、内面が一つになっているということです。外面上の動きにおいて、技が切れることなく一つになっているということではありません。外面上は一、二の動作に見えたり止まっているように見えても、内面が一つになっていることが重要なのです。

これに対し、外面上は一の動きでスムーズであっても、内面が一つになっていないと、一、二、三、四……というように技がプッツン、プッツンと切れてしまいます。これは実践してみると技がかからないので切れていることがよくわかります。

また組手の攻防のパターンとしてコンビネーション的な稽古がありますが、これはその構成を頭で考え、それに基づいて身体、手、足を動かしているのであり、つまり頭からの命令であり、自然に動いているように見えても基本的には居付いていると言えます。居付きは術技の流れをなくし、瞬間、瞬間に「切れ」を生じさせます。この状況下では武術における攻防一如はできません。

頭脳と身体脳の関わり

身体の自由を得ようとするならば、頭で覚えるから身体で覚える、すなわち身体脳の開発が必要です。身体脳による動作には居付きが起こらず、攻防においては自由となるだけでなく見る力が強くなります。つまり、相手の動きがよく見えるということです。

これは視力が良くなるということではありません。「観の目強く、見の目弱し」という古来からの教えがありますが、観の目ができるということです。攻防の基本中の基本「三つの先」を駆使するような攻防の実践においては、観の目なしには不可能です。

さらに身体脳の究極は武術の根源とも言える呼吸にも関連があり、身体の集中力からくる「気」にもリンクしています。

武術の術技を身につけるのに頭脳から身体脳への移行が必要なのは、頭脳より身体脳のほうが情報量を受け入れる器がはるかに大きいからです。意識が働いている身体動作、すなわち頭で考えながら、あるいは頭からの命令で動く身体動作は、手の動きなら手だけ、それも左手だけとか右手だけとかという部分の動作となり、全体という統一体としての身体動作はできません。

統一体としての身体動作を得るには、頭脳ではなく身体脳の開発が必要となります。身体の動きなどのように、複雑多岐にわたるフィードバックを必要とするものにあっては、頭脳では処理しきれないからです。

身体動作における頭脳の役割とは、身体と結びつくことで身体が感じ取る情報を大筋でまとめていくことにあると考えます。身体が感じ取るそうした無限の情報をさらにひとつの身体の法則としてまとめ上げていくことが身体脳の開発であり、その開発された身体脳を頭脳で捉えることによって、今度は頭脳からのアイデアが身体脳へフィードバックされ、身体脳は頭と身体の二つの側面の情報によって、さらに高度な開発へと導かれていくものと考えられます。

このような頭脳と身体脳の調和によって、その人独自の形ができ上がっていくものと考えます。これはひいては人としてのバランスにもつながっていきます。武術はまさにそのバランスの最良の開発システムになっているのです。

このように身体脳は各自のオリジナルとなりますが、現在に見られる教育やスポーツは、個性を重視しているとは言うものの、その本質は画一的な人間を創り出していると言えます。すなわち、頭脳一辺倒になっているということです。個を創り、個を伸ばす、ここに現在における武術のもう一つの大きな役目と価値があります。

型とフィードバック稽古

重要な身体の内面

型稽古は、最初は外面から入るものの、稽古の度合いによって内面の内容が外面に表現されていきます。型稽古において敵を想定したり、また威力を出すためにパワーを主体にすると、外面だけが強調され、内面の稽古が薄くなります。内面の薄さは当然外面も軽いものにします。

まず型の稽古の主体は図10①（次頁）に示したように、手、足、身体のすべての働きを内に集めるようにします。その集まったところが身体の統一点となります。その統一体の中心から同じ経路で逆に各部位へ働きを放出します。その放出は泉から湧き出る水の如く切れることがないようにします。その水が呼吸であり、呼吸力の源になります。

すなわち手、足、身体の動きは外に向かって大きくのびのびとやると同時に、一方で同じ経路をたどって手、足、身体の動きのすべてが中心に集まって一つになるようにします。

次にその中心から、逆の経路で外に向かって発するようにします。これによって身体は一つとなり、外に発するエネルギーは常に中心からのものとなります。ここではまず自由な動きおよび瞬発力のもととなる身体の統一点と呼吸の源泉を築き上げることを第一とします。

次に分解組手の主体は、図10②のように統一体の中心から足の裏へ、つまり大地に流れを創るようにします。そしてその流れが頭上から入ってくるようにして、その経路をつなぐようにします。ここでは相手と一体になること、すなわち調和することを身につける必要があります。

自由組手は相手との融合そのものであり、自分のすべての気の流れを消し、瞬間瞬間に必要とされる各部位に、つまり突きの瞬間であれば拳に、統一体の中心から経路を通らずに一気にエネルギーを集中させ爆発させるようにします。その内容が図10③です。

このような表現はあくまでも内面的なことで、決して目に見えるものではなく、また言葉で言い表わせるものではないのですが、重要なことなのであえて（型および分解組手の稽古における内面の概念として）述べたものです。

目に見える技と見えない技

技には目に見えるものと目に見えないものがあります。目に見える技とは、構えから突き、蹴りなどの攻撃、防御技などですが、目に見えない技とは間（ま）とか目付けのことです。この目に見えない技があってこそ、武術の術技は生かされます。その目に見えない技の修得には、図10に示したような型、分解組手、自由組手における統一体としての身体の内面のあり方は非常に重要です。それには相手を包み込んだ自分との経路が必要になります。

このような三段階の稽古とフィードバックによってレベルアップをはかります。稽古は単なる

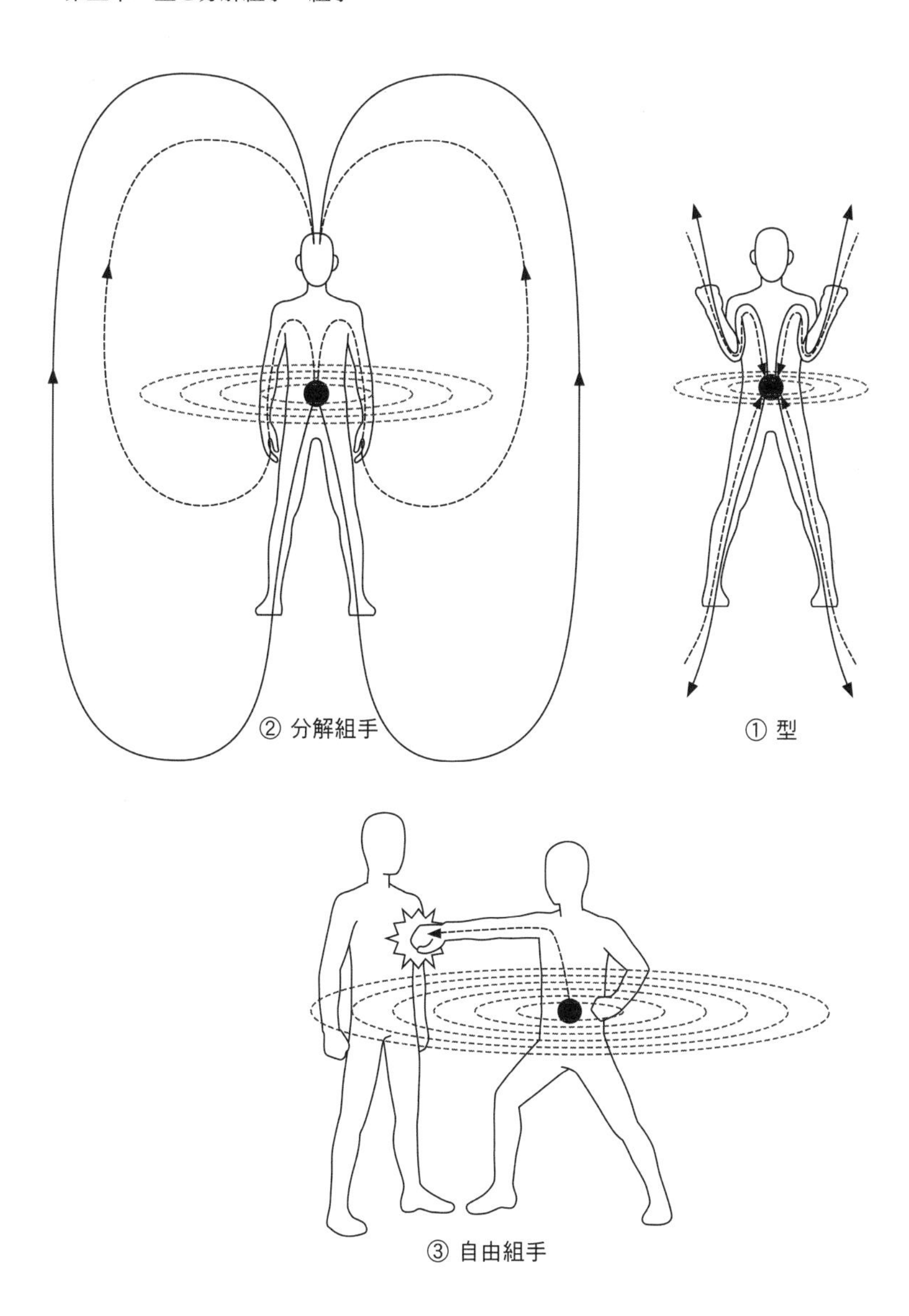

図10. 型・分解組手・自由組手による身体の内面

繰り返しではなく、結果を吟味をすることが必要です。それによって必ず課題が生じます。それがフィードバックにつながるわけです。

つまり自己満足のレベルアップではなく、非可逆的ステップアップの上達を伴うような稽古でなければなりません。それには、しっかりとした稽古体系とそのプログラムを通して稽古していくことが重要です。

継続は力なり

「継続は力なり」という言葉があります。まさにこの言葉の通りですが、継続することはそう簡単ではありません。継続するためには継続できるだけの魅力を自分で見出さなければなりません。そのためにも今自分がやっていることに感動をすることです。

宇城空手の型には多くの感動を与えるエネルギーが内在しています。まずその感動を一回でもいいから少しでも早く体感することです。

次の技は非常にシンプルで簡単ですから、誰にでも理解できるものです。

▼中割れ（サンチンの型）によるはずし

①相手に両手をつかまれる。

②つかまれた手をあわてることなくサンチンの中割れの技によって、つかまれた左の手で相手の右手をつかむようにしながら、片方の右手は相手のつかんだ手を返しながら、左手で相手の手の母指丘をつかむ。この時点で技がかかるので

③相手は気づかないうちに手の逆を極められ、かつ重心も完全に浮かされている。

④右手で相手の首を手刀で切りながら投げる。

この一連の術技は、写真②ができれば非常に簡単です。相手をいとも簡単にしかも見事に投げられるので、とくにはじめてできた時は感動します。しかし②ができなければ相手はビクともしません。型からの技を覚え、自分の力でそれが極まった瞬間の驚きと感動はなんとも言いがたいものです。このような感動を経験することがひとつの自信となり、同時に継続の第一歩となっていくわけです。

理解の一助としての言葉

「型」の稽古は最初順序を覚えることから始まり、次に外面上の姿勢を型通りに正確にはめ込んでいきます。そして次のステップとして内面に入り込んでいきます。順序や外面上の姿勢は目で見ることができ、わかりやすいのですが、内面は目で見えないので、どうしてもその手助けとして言葉が必要となります。

そこで内面の働きを一つの言葉にするわけですが、言葉ではどうしても伝えたいこととの内容が薄いものになってしまいます。また一つの言葉は固定概念を創ってしまい、受け取る側によって、その言葉の意味はまちまちになる危険性があります。

しかし型を真に理解するには、内面の働きを理解することが絶対条件であり、そのためには弊害はあるものの、言葉は大きな助けとなります。とくに師の言葉は内面を練り上げていく上において非常に重要です。それは、師独特の言葉であればこそ、逆に内面に師の心が大きく映っていくからです。また映るくらいでないと真の型に近づくことはできないとも言えます。師の心を型を通して理解し、自分の中にそれを映し出してはじめて、師が伝えようとする型の意味がわかってくると言えます。

そのような師の言葉の意味を理解するには、道場稽古の時間だけではなく、道場外の日常を通じて師と接し、その心を学ぶことが大切です。また言葉は生きているので、その時はわからなくても、自分の変化、進歩によってあとでわかるというようなこともよくあります。

一方、型の分解組手の場合は、「百聞は一見に如かず、百見は一触に如かず」の一触という方法で伝えることができます。この一触のできる分解組手と型のフィードバックによって、内面の働きを創り上げていきます。

姿勢の安定

姿勢の安定というのは重要なことで、それを表わすバロメーターとして重心があります。当然、重心は低いほど安定感があるわけですが、重心はコントロールすることができます。それは正しい姿勢と呼吸によって可能です。

もっとも安定していると思われる姿勢で立ってもらって後ろから腰のところを指で軽く押すと、たいていの人が前によろめきます。これは内面の姿勢が崩れているからです。軽く相手に気を通して内面の姿勢の崩れを直すと、すべての人が安定します。

次にその安定した静の姿勢から動に移す、すなわち動いてもらうと、再び安定感がなくなり、またよろめきます。これは身体の呼吸ができていないからです。

静から動への移行での安定感には、呼吸が重要になってきます。組手などに見られる相対的姿勢は、呼吸が浮いた状態になり、後ろから軽く指で押しただけでよろめきます。相対的姿勢を取るということは意識が働くということです。意識は頭からの指示や命令になるため、身体を統一体として捉えることはできません。

一方、絶対的姿勢というのは心が作用します。心が働くということではなく、心のあり方が重要となります。この心のあり方によって身体を統一体として捉えることが可能となり、静から動へ移っても姿勢は崩れることなく安定します。

フィードバック稽古

なぜ型なのか、それは型にフィードバックがかかるエネルギーが内在しているからです。何十回、何百回と、型はやればやるほど、そこから発見と気づきがあり、フィードバックがかかります。フィードバックがあるから進歩があります。フィードバックは次のような時にかかります。

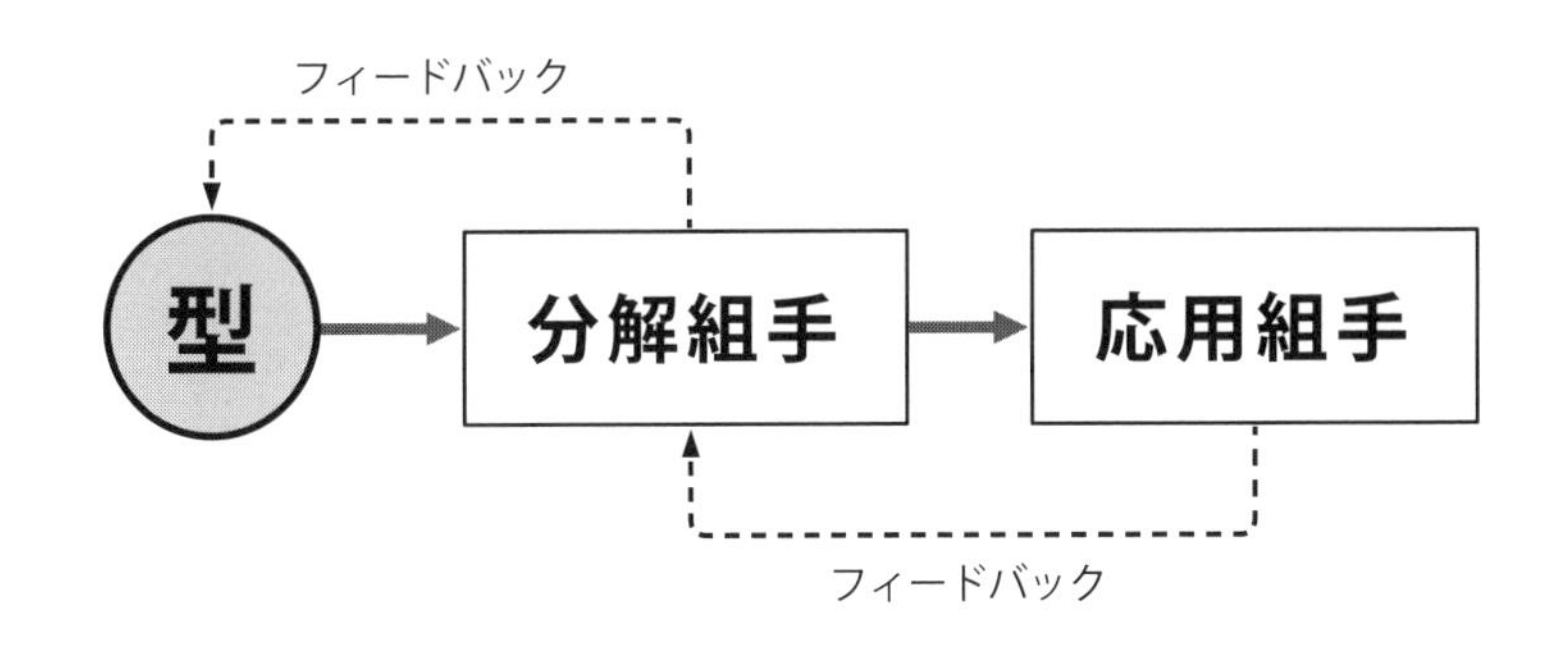

図11. フィードバック稽古

①師から直された時
②自分で納得できない時（しっくりいかない時）
③ほかの人の型を見て何かを感じた時
④自分の思いつきがあって
⑤試行錯誤して

また、型を構成している各技を取り出してその技の意味するところを検証するのが分解組手となりますが、型そのものの変化進歩は、そのまま分解組手にも反映されていきます。同時に分解組手においてもフィードバックがかかっていきます。

分解組手におけるフィードバックははっきりしています。それは相手の攻撃に対して使えるか使えないかのどちらかになるからです。

また分解組手の検証においては、攻撃側のレベルによっても分解組手の使えるか使えないかの基準が変わってきます。

そこで攻撃側について次のような条件を付けて行な

います。

①その人のレベルでの攻撃
②スピードを主体にした攻撃
③力を主体にした攻撃
④攻撃と同時に防御を行なう攻撃
⑤左右の連続攻撃

このような条件をつけた上で、攻撃側のいろいろな変化、条件に対しても、防御としての分解組手が正確にできるように稽古していきます。

いろいろな条件の攻撃に対して基本分解組手を使えなかった時は、何度も繰り返すと同時に型に帰るというフィードバックを行ないます。

型と基本分解組手のフィードバックによる稽古は、必ず型に戻ることが必要です。それは、型を手がかりにして進歩するというメソッドをものにしなければ、必ず行き詰まるからです。

少ない型から多岐の技を

宇城空手ではこのような稽古システムによって、サンチン、ナイファンチン、パッサイ、クーサンクー、セイサンの順番に、それぞれの型と型の分解組手を稽古していきます。わずか五つの型ですが、その分解組手となると大変な数になり、さらに変化分解組手、応用分解組手に至っては膨大な数になります。

数からすると、サンチン、ナイファンチンの二つの型で充分と言えるくらいです。その二つの型でも変化、応用分解組手の段階までいくと、それはパッサイやクーサンクーあるいはセイサンであったりと、どこかに共通したものが出てきます。それは、どの型の分解も、究極はある一つの原理法則に収束されていくからです。これが型からの形化です。

このように宇城空手では型を多く覚えることよりも、少ない型から変化、応用ができる方法を身につけることを重視し、サンチン、ナイファンチンの基本の型二つと、パッサイ、クーサンクー、セイサンの三つの応用型を合わせた五つの型を宇城空手の型としています。

この五つの型はいずれも沖縄古伝の型で、これまで独自に変えることは一切せず、不変の型、鋳型と位置付けて継承してきています。それは、型が究極の姿となっているからです。分解組手を通して、その不変の型の中の術技を使えるようにしていくのが、型からの「形」化です。形は各人個有のものです。「型」にはこのように、それぞれの個に対して独自の「形」化ができるエネルギーが存在しています。

型の「形」化には、サンチン、ナイファンチンだけでも充分と言えますが、パッサイ、クーサンクー、セイサンにはそれぞれ独自の特徴を持った技があり、この分解組手からもいろいろな術技を学ぶことができます。

また「型」には「用の美」としての特性があります。型の一連の技の流れの中に緩急あり、剛柔あり、なんとも言えない「美」があり、かつ型の中にある術技は、使えるという「用」を兼ね合わせています。とくにパッサイ、クーサンクー、セイサンにはそれを感じます。

日々の継続がつくり出す自分史

若い時はわからなかったことも、年を重ねるにつれてわかってくる場合が多々あります。それは、経験が豊富になったからとか、知識が豊富になったからというだけではなく、継続による深さを求めた結果ゆえとも言えます。

「継続は力なり」の名言の通り、一つの事を続けることによって、その深さがわかり、その真髄が見えてきます。これは当然、年を重ねるだけでわかるというものではありません。

とくに芸術や武術にはそれが言えます。

また芸術や武術にはそれを一生涯やるだけの深さと価値があります。

深さを知ること、味わうことの感動は何ものにも代えがたく、かつ自分自身を成長させるエネルギーとなります。

宇城空手の道場訓である「他尊自信」の「自信」という言葉は、そのようなエネルギーがあればこそ、相対的世界から絶対的世界の気づきを可能とし、そこに身を置いた時に得られるものであると思っています。それがあってはじめて「他尊」、人を愛することもできるのだと思います。

プロフェッショナルあるいは職人と言われるような高度な技術を身につけた人には、継続の結果、研ぎ澄まされた〝勘〟というものが生まれてきます。この勘は、まず基本となる型があり、その型の実践応用のプロセスでフィードバックがかかり、身体脳が開発された結果、生じると考えます。頭で考えるのではなく身体が感じることの結果だと思います。

現在、伝統ある多くの素晴らしい職人技が消えつつあるのは非常に残念なことです。職人技は、人が身につけた技で無形文化財とも言えるものです。それは一度途絶えてしまうと、そこで終わりになり、復興は不可能です。

未来は、過去、現在という流れの延長線上にあります。歴史という深さのある文化、伝統を受け継いでこそ、さらにその延長線上での深さが求められます。それは、歴史を通して賢明になるということでもあります。現在の地球規模の課題である環境破壊、世界テロ、戦争などは、そのような過去を無視したツケがまわってきていると言えます。

しかし、「千里の道も一歩から」という名言があります。私たちが未来を希望あるものにするには、今思っていることをまず始めることではないかと思います。

型と分解組手による身体脳の開発

型から形へのプロセスは身体脳の開発を伴って真のものとなります。この身体脳の開発によって心身の一致が同時進行で形成されていきます。ここに身体脳開発の重要な意義があります。いかにして相手に強い突きを入れるかという意識下での突きは、相手に見切られると、どんなに強い突きでもただ単なる押し突きのようになり、その威力は全くなくなります。この「見切る」という術技は、身体脳の開発を伴った心身の一致によって創出されます。

相手を心身の一致と観の目で捉えると、相手の攻撃に対して「今」という瞬間が必ずあります。その瞬間が真の間合いであり、その間合いを捉えると、相手の攻撃を確実に制することができ、その瞬間から相手を自分のコントロール下に置くことができます。そしてその後の突きを入れる、あるいは投げる、寝技に持ち込むという段階までも、ずっと相手をコントロール下に置くことができます。しかし、心身の一致が一瞬でも崩れると、相手はそのコントロールからはずれ、生き返って反撃に出てきます。

このコントロール下に置くということが、武術における一つの調和・融合と言えると思います。

この心身の一致が崩れる時とは、自分の内からの意識が出た時、すなわち相手を意識した時や相手に対応しようという意識が出てきた時です。いかなる状況にあっても崩れないようにすることが必要です。その最高の稽古方法が一人で行なう型にあります。

一人稽古ができる型は、自分に集中でき身体との会話を可能にします。ただ、それだけでは自分の思い込みに走ったり我流となりがちなので、師の姿、師の身体のこなし方と師の言葉を枕にして稽古することが大事です。つまり師の姿、身体のこなし方に収束させていく稽古が必要です。それが型をやる手がかりになります。

次は、宇城空手で稽古する五つの型のうち「ナイファンチン」と「パッサイ」の中の一部分の技を取り上げて、型と型の分解組手を説明したものです。このような稽古によって身体脳は開発されていきます。

型は不変のものとして、そのまま継承することが重要であり、自分の解釈で変えることは絶対許されないことを肝に銘じておかなければなりません。

ナイファンチンの型より

【ナイファンチンの型　手刀受け／肘当て】

写真④の時、身体は右方向を向きますが、腰を捻って肘当てするのではなく、呼吸と内面の柔らかさで肘当ての勢いを出すことが重要です。また内八字立ち（ナイファンチン立ち）が崩れないようにすることも必要です。腰を捻って肘当てをすると、捻った時、身体の中にひっかかりがねじれによって出てきて、肘当ての勢いがなくなってしまいます。またねじれによって内八字立ちも崩れてしまいます。内八字立ちを無理に保とうとすると、身体全体が居付いた状態になります。呼吸と内面の柔らかさが出るようにして稽古する必要があります。

①構え
②足を交差して移動
③右足を踏み出すと同時に右手手刀をする。この時、肘は軽く伸ばし、手刀は肚の中心から出てくる気を手刀に集中させる。踏み出す足は「スネの長さ＋拳一つ」（左頁参照）とし、内八字立ちとなる。
④左肘当てをする。

（足幅）

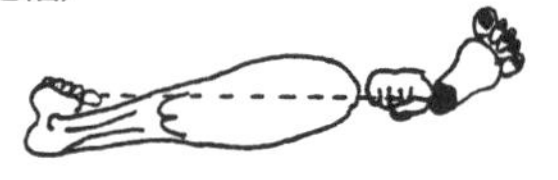

右足を屈して膝を床につけ、左足踵との間に拳一つ入る程度。各人の身長体型により間隔の長さは適宜に異なる。

【ナイファンチン　基本分解組手】

型を構成している一連の技の一つを取り出して、その意義を組手で検証することを分解組手と言います。

▼［手刀受け／肘当て］基本分解組手（表）

写真①では、攻撃は相手の中心を捉えて行ないます。攻撃が真剣でないと受け側が真の防御にならないので、真剣に攻撃することが重要です。また防御側は、相対姿勢で構えるのではなく、相手を受け入れるつもりで自然体で立つことが大切です。

①構え
②攻撃に対して右足を引きつつナイファンチン立ちになると同時に手刀受けで相手の突きを防御し
③すかさず右足を一歩踏み出し肘当てをする。

▼［手刀受け／肘当て］基本分解組手（裏）

写真①②は、型の分解組手において、相手が型の中の技を使うことに対して、こちらがその裏を取っているもので、裏分解と言います。

自分の攻撃の突きを相手は手刀受けによって防御しますが、相手の手刀受けと自分の突き手の接触点において相手の情報を身体で読み取り（感じ）、相手が一歩踏み込んで肘当てをするのを触れている突きの右手によって制します。相手は手刀受けから足を一歩踏み込もうとした時にお互いの手の接触点を通して制されるので、写真に見られるようにぐらついてしまいます。

①こちらの攻撃に対して相手がナイファンチンの基本分解手刀受けをしているところ。
②相手はすかさず肘当てを極めようとして、足を一歩踏み出そうとした瞬間、手刀受けの接触点を通して、こちらの内面からの力で相手を崩しているところ（裏）。

当然相互のレベルによって裏は取れたり取れなかったりします。すなわち相手のレベルが高ければ裏を取ることはできません。

また、技の追究として表に対して裏を取ってもらうことは、表ができているかどうかの検証になります。裏を取られるのは表の基本分解が型に添っていない場合が多く、よくよく工夫する必要があります。

ここの手刀受け、一歩踏み込んでの肘当ての場合によく見られるのが、手刀受けの時の肘が伸びていない場合です（写真③）。肘が伸びていないと相手に接触点から情報を取られるので簡単に裏を取られ、手刀受けから踏み込んでの一歩を出すことができません。当然肘当てもできません。この時の正しい手刀受けは、写真①あるいは写真②のどちらかになります。

重要なことはこのような分解組手を通して型の意義を理解することであり、そのことによって身体の内面が変わり真の型に近づくということです。

このように型には分解組手の裏付けがあり、分解組手には型の裏付けがありという具合に、型と分解組手のフィードバックを通してレベルアップがはかられていくと言えます。

（良し）

（良し）

（悪し）

基本分解組手における手刀受けの手技の良し悪しを示したもの。

【ナイファンチン　変化・応用分解組手】

変化分解組手は、基本分解組手に対して上体あるいは下体のどちらかを変化させたものを言います。

応用分解組手は、入り込む瞬間のみ型からの技となるものの、あとの技はすべて自由となります。応用分解組手ともなると、ナイファンチンの技がクーサンクーの技と一致したりするなど、型から形化が完成されつつあり、自分なりの特徴ある技に収束されていきます。

▼［手刀受け／肘当て］変化分解組手（その①～その②）

―その①

写真①②③は、ナイファンチンの手刀受け、肘当ての変化分解組手です。投げは力に頼ることはできません。変化あるいは応用分解組手で投げを稽古することによって、力を抜くことの重要さを実践検証していきます。

投げは力を抜くことはもちろんですが、相手の攻撃に対して入り込むタイミングや相手との調和を身につけるのに非常に有効な手段となります。逆に投げのかかるタイミングは突き、打ち、当てにも効果的です。

①構え
②相手の攻撃に対し、一歩踏み込んで肘当ての要領で
③そのまま投げに入る。

―その②

写真③の時、左手刀だけの力で倒そうとしても相手は倒れません。これは小手先の技になるからです。内面の気の流れによって相手に力を貫通させることが重要です。

①構え
②相手の攻撃に対し左足を一歩踏み出し、相手の首に手刀打ちをし
③そのまま投げに入る。

▼［手刀受け／肘当て］応用分解組手（その①〜その⑥）

応用分解組手の段階でとくに重要なことは、構えた瞬間からいつでも相手を捉えることができるようにしておくことです。そのために構えのスタイルとしては自然体がベストになります。その後は相手が攻撃をしようという瞬間を待ち、その事の起こりを察し、そこにいろいろな形で入り込みます。

事の起こりを察してというのは、感じるのではなく具体的に観えるということです。相手が攻撃しようとする事の起こりさえ押さえておけば、あとは相手が攻撃してきても常に先が取れ相手を制することができるようになります。

攻防においては「今」という事の起こりを押さえる瞬間が必ずあります。そこが観えるようになることが重要であり、応用分解組手の一つのポイントがそこにあると言ってもいいのです。そして応用分解組手で「今」という事の起こりを観つづけられることが大事です。

（その③）から（その⑥）までは木刀による攻防ですが、ナイファンチンの入り込みの応用によるものです。

―その①

①構え
②相手の攻撃に対し、右手刀で顔面を攻撃しつつ
③掌底で相手をそのまま倒しにいく。

―その②

①構え
②相手の攻撃に対し、右手刀を相手の首に打ち込み
③打ち込んだ瞬間、両手で相手の手を制し
④そのまま投げに入り
⑤突きを極める。

ーその③

写真③の時、相手の打ち込みに対して、こちらの返しの打ち込みが瞬発力で対応するため、相手は身体の呼吸が止まり重心が浮いた状態になります。

①構え
②相手の打ち込みの瞬間、ナイファンチンの入り込みの身体動作で相手を見切りながら
③相手に打ち込む。

―その④

①構え
②相手が打ち込もうとしたところ
③ナイファンチンの入り込みそのままで入り込んで斬る。

―その⑤

②相手の外から打ち込む。

―その⑥

②相手が打ち込もうとした瞬間、相手の水月に木刀を付け込む。

▼肘当てのいろいろ

①肘当て

②肘打ち

③肘突き

パッサイの型より

【パッサイの型　支え腕受け】

型を構成している技については、分解組手でその意義と運用を理解していきます。同時に身体脳の開発を伴うことによって、技一つひとつが生きてきます。すなわち、型の極めが出てくるということです。写真のパッサイの型の「支え腕受け」は身体を少し左に振って（写真③）、右足を大きく踏み出しつつ、左足を引き付けると同時に支え腕受けで極めます（写真④）。

通常、ねじれが生じやすいのは写真③から④の移行過程です。身体は振るものの、ねじれがあっ

①構え
②左足を軽く上げ
③一歩踏み出すと同時に体を左に振りつつ
④右足を大きく一歩踏み出すとともに支え腕受けをする。

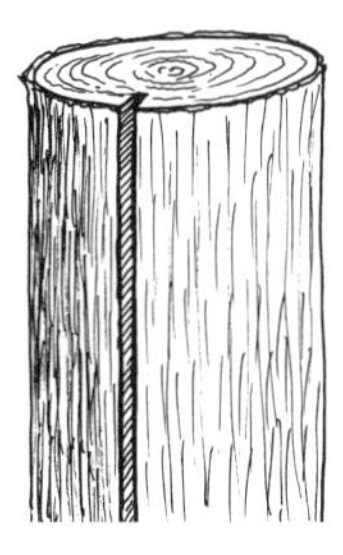

筋を入れた丸太

てはだめです。さらに重要な点は、写真④の内面の応力ねじれです。建築の時、柱になる丸木に縦に一本の筋が切ってあるのをよく見かけると思いますが、これは木の内部応力によってひび割れが起きないように、最初から木に筋を入れ内部の応力を取り除くためのものです。

表面上はねじれているようには見えませんが、内部には自然の中の成育過程でいろいろなねじれがかかっており、それは若い木ほど強く、それをそのまま柱に使ったりするとあとでひび割れが生じます。

これと同じように、写真④の「支え腕受け」にも外面の動きのねじれではなく内面の静のねじれが生じやすいのです。

この内面のねじれについてもう少し詳しく述べますと、コップに水を入れその水を回すようにして振ります。コップを振るのを止めてもコップの水は回っています。この状態がパッサイの支え腕受け時に起こりやすい内面のねじれになります。これが生じると内面と外面の一致ができず、支え腕受けから次の攻撃ができなくなるのです。

静のねじれの根源は身体と心の不一致にあります。身体と心の不一致は当然、呼吸に影響し、その結果、極めがなくなります。いくら極めを創ろうとしても、内面の静のねじれ（歪み）をなくさない限り、極めは出てきません。

組手においてそれが顕著に現われます。内部の静のねじれがある人の攻撃は、いくらスピードがあって強そうに見えても怖さがありません。

このように通常では気づかない内部の静のねじれ（歪み）は、型をすることによってはじめて気づくと言ってもよく、ねじれを組手で気づくことはまずあり得ません。

これは内面のエネルギーを創り出すコマの回転とは全く異なるもので、ねじれによる歪みですから、型の稽古の時に充分注意して、ねじれを起こさずに、支え腕受けの極めを創り出すことが重要です。

【パッサイ　基本分解組手】

▼［支え腕受け］基本分解組手

相手の攻撃を右足を一歩踏み出すことによって躱すと同時に支え腕受けし（写真②）、すかさず相手の突き手を左手で押さえつつ右手で顔面攻撃をします（写真③）。この写真②③の一連の技を一瞬に行なうことによって相手を制します。

①構え
②一歩足を踏み出しつつ支え腕受けをする。
③支え腕受けからすかさずそのまま攻撃に入る。

内部に静のねじれがあると、この一連の動きを一瞬にすることができなくなります。相手に触れる接触点においてベクトル（力の方向性）が生じるからです。ベクトルが生じると、そこで得られる情報によって相手も瞬時に反応します。ねじれをなくし、相手に反応させずに極めることが重要です。

支え腕受けの技はこのように使いますが、分解組手においては、さらにもう一つ重要なことがあります。それは単に技をかけるだけの稽古ではなく、基本分解組手の技の変化応用につながるものでなければならないということです。そのためには基本分解組手と言えども、相手と調和・融合するなかで技をかけるということが必要です。すなわち相手を捉えて技をかけるということです。

【パッサイ　変化・応用分解組手】

▼［支え腕受け］の変化・応用分解組手（その①〜その②）

―その①

①支え腕受け
②支え腕受けの肘を下から巻き込むようにして投げに入る。
③倒した相手に突きを極める。

―その②

①支え腕受け
②支え腕受けからすかさず顔面への掌底攻撃によって、相手をそのまま倒す。
③倒した相手に突きを極める。

この一連の動きは一(いち)の動作で行なわなければなりません。一の動作ということは呼吸が途切れないということです。投げがうまくいかないことで、もっとも多く見られるのが「投げよう」という意識が働いている場合です。意識が働くと、その瞬間、呼吸が途切れ、投げはかかりません。それどころか呼吸が途切れた瞬間、接触点を通して瞬時にそのことが相手にもわかり、反撃をくらうことになります。

この投げようという意識が出るのは投げることに集中しているのではなく、投げることに意識が固まっているからです。すなわち頭で技をかけようとしているからです。頭で技をかけると呼吸が浮き、当然重心も上がり、自分の中に芯がなくなり、相手との衝突が起こり、結果、相手を投げることはできません。

それに対して、集中するというのは身体脳によるものです。これは頭で技をかけるのと反対のことが身体の内面に起こります。とくに投げは身体脳の開発を伴わない限り不可能と言えます。注意したいのは、投げの稽古によって身体脳ができるのではなく、あくまでも型によって身体脳が開発されるということです。その結果、投げができるようになると考えたほうがよいと思います。

投げがかかる場合とかからない場合を別な角度から見ますと、相対的であるか絶対的であるかということにあります。

相対的立場を取っている時は投げはかかりません。これは先ほどの、相手を投げようとする意識が働いている場合と同じ状況が生まれるからです。すなわち頭が先行しているということです。それに対して絶対的とは、身体脳が先行するということです。技の真理とは、技がかかるか、かからないかにあり、かからないということはその真理に問題があるわけです。つまりその技が真理ではないということです。

武術の最大のポイントはこの点にあります。実践を通してその真理を見極めるプロセスを経ることにより、身体脳が開発され「虚と実」を見抜く力が備わっていきます。したがって未知のことに遭遇しても、それを見抜くことができ、対応できるわけです。

そのような身体脳が脳（頭）に与える影響も大だと言えます。

私がこのように文章にするのは、脳（頭）のなせる技ですが、文章の内容、ソフトの根源は身体脳によるものです。人がこの両者(身体脳と脳)を一つにした時、その人にとっての大きな進歩、展開があるのではないかと考えます。

【パッサイの型　回し取り】

①両手を大きく回しながら
②右脇に回し取りをする。

▼［回し取り］の基本分解組手（その①～その②）―その①

①構え
②相手の攻撃に対し、両手を回しつつ、途中の回す手は相手の顔面への攻撃も兼ねている（自分の防御にもなっている）。
③相手の突きを回した手で締め込みながら
④投げに入る。

―その②

①構え
②相手の突きを回し取りし
③そのまま投げつつ寝技に入る。
④腕を極める。

投げから寝技まで一気に持っていくことで（一挙動）、寝技をスムーズにすることができます。それは、投げる時のゼロ化された状態が続いているので、相手としては反撃の力が出ず、身動きできない状態になるからです。

一方、投げたあとに寝技に持ち込むという二挙動は、投げる時のゼロ化の状態が解け、相手の呼吸が生き返ってしまうため、相手の反撃を受け、思うように寝技に持ち込めなくなります。型からの投げは、寝技に持ち込んでも本質的には一挙動になるようになっています。

「回し取り」のポイントは、相手の突きを脇の締めで極め、脇の力で締めないことです。力で締め込んだ場合はすぐに抜かれてしまいます。また力で締めていると身体が居付くので、相手が拳を引こうとする時、身体ごと引っ張られたりして不安定になり危険になります。あくまでも脇の締めで行なうことが重要です。

このように分解組手による相手との攻防を通して、型の中の回し取りの意義がわかってきます。わかるということは頭でわかるということではなく、身体脳でわかるということです。ここに型の分解組手の大きな意義があります。

自転車の場合、「こける」という実践が身体脳の開発を促し乗れるようになります。それは一度乗れると一生乗れるという非可逆ステップアップを伴いますが、型の分解組手でも身体脳の開発が促され、自転車の例と同じようなステップアップが起こります。

▼［回し取り］の応用分解組手

①構え
②相手の攻撃に対し、そのまま入り込み
③相手の首に手刀打ちをし
④そのまま投げる。

以上のように、型の中の技を分解組手という攻防を通して自分のものにしていくこと、すなわち自分の技として使えること、その技によって相手を制することができること、これが型からの形化です。

本来、型というものは、ある達人が自分の技を何百回、何千回と重ねて一つのところに収まった結果であると考えます。

今の時代にそのような武術としての型を創り上げていくことは不可能と言えますが、そのような型が残されて継承されていることは幸いであり、その先人が創り上げた型のプロセスを踏むということが、裏を返せば型からの形になるとも言えます。

そのプロセスが、ここで紹介したような型と型の分解組手ということになります。型というベースがあるからこそ、そこを出発点にしていろいろな展開、積み重ね、そして進歩があるわけです。個人の思い付き、工夫だけではとても及ばないものであり、そこに歴史の重みを感じるとともに、次に継承していくことの重要性があります。

第六章

武道の原点を考える

――インタビュー――

宇城憲治　五十〜五　歳

（取　材）一九九九年／二〇〇〇年　インタビューより

（聞き手）別宮三敬

季刊『合気ニュース』（一二〇／一二一／一二二／一二三／一二四号）掲載

限りなき瞬発力とゼロの力を求めて

肝心なのは自分が実際にその技が使えるかどうか

――「武道の原点とは何か」というような観点で宇城先生にお話を伺っていきたいと思います。よろしくお願いいします。

宇城　こちらこそ。武術でいちばん肝心なのは「実際にその技が使えるかどうか」、このことだと私は考えます。すなわち、できるかできないかということです。その裏付けのない武術は武術とは言えません。

　これは一つの例ですが、自転車に乗れるか乗れないかは試してみるとすぐわかります。また折り紙の紙飛行機の例を取ると、折り方によって飛ぶものと飛ばないものができます。飛ばない折り方は何百回やっても結果は同じです。きちんと飛ぶようになった折り方が「型」です。実際に飛ばすことができない折り方の「型」では仕方がないわけです。

　自転車と紙飛行機の例を挙げましたが、この両者の違いです。自転車に乗れたからといって、すぐに他人が乗れるように教えられるかというと一般的には無理です。その部分は「実践」に当たる部分だからです。ところが、紙飛行機の場合にはそれが可能です。ちゃんと飛んだ紙飛行機を分解して、その通りに真似て折れば必ず飛ばすことができます。何千人が折ってもその通りに折れば、飛ぶ紙飛行機ができるわけです。

――つまり、確実に再現性があると。

宇城 それがつまり「型」なのです。伝統ある正しい「型」にはそういう働きがきちんと備わっているのです。自分が自転車に乗れても、他人をすぐに乗れるようにはさせられないのは、その部分は応用に当たるところで、自分で練習して身につけるしかないからです。

一度乗れるようになると、いろいろなことをしても乗れます。それは乗り方の〝コツ〟を体感して、自分のものにしているからです。言葉で「リラックス」というようなことを先に教えてもあまり意味がありません。それよりもまず、多少不格好でも乗れることのほうが肝心なのです。

武術の学び方として、まず型を学びます。そして型を通して「外形」つまり「姿勢」作りから入ります。その後分解組手を通して、理合や身体の中と外の一致を身につけます。その次に自由組手があるわけですが、この段階で技が自在に使えてこそ「できる」ということになるわけです。型も分解組手も本質的には自由組手で使えるようになってはじめて真の型になると言えます。

ベクトルを持たない動き

――今回は、限りなき瞬発力とゼロの力を求めてということですが。

宇城 空手の突きや蹴りがいくら大きな威力を持っていても、「ベクトル」を持った攻撃はすべて見えますし、読まれてしまいます。ですから読まれないような動き――つまりベクトルを持たない動きを作る必要があるのです。

――ベクトルを持たないということは、どの方向に行こうというのがないので読めないし、見えない。つまり〝消える動き〟になってしまうわけですね。

宇城　そうなりますね。ベクトルを持たないからワーッと広がる感じの中から瞬発力を出す。相手からすると一瞬何が起こったかわからない状態になります。

一方「ゼロの力」ですが、空手の突き蹴りは瞬発力の勢いがあるので、受けたり掴んだりがほとんどできないというわけです。そういうなかでの防御は、相手に触れる程度で対応しなければなりません。そのためには触れた瞬間、相手の力を吸収してゼロにしてしまう。相手をゼロにしているから投げにしろ反撃にしろ自由にできるわけです。自在に技が使えるためには、居付きのない動きでなければなりません。型はそれを作り上げてくれます。

――宇城先生の稽古が五つの型に集約されていったきっかけはどんなことだったのでしょうか。

宇城　五つの型は、琉球古来から伝わったもので、「サンチン」は主に呼吸法と肘の締めを、「ナイファンチン」は瞬発力と相手の攻撃に対し直角に入り込むことを教え、「パッサイ」は柔からの剛を、「クーサンクー」は蹴り技を、「セイサン」は攻防一如・はずしをそれぞれ特徴として持っており、なおかつこの五つの型をセットにして武術として必要な要素をすべて学べるようになっています。

さらに型が使えるかどうかの検証としての分解組手があり、分解組手はレベルの段階によって基本分解（表裏）、変化分解、応用分解の三段階からなっています。

「型」にも段階があるのです。最初はわけもわからずとにかくやることですが、大事なことは絶対に良い「師」に習うということです。良い先生はすべてのバランスと実戦に使えるポイントがわかっていますから、それを指摘してくれます。そこは間違ってる、こうしなさい、ああしなさいと言ってもらえる。それを「素直に」やることが大事です。

型を繰り返しやっていると、だんだんと自分で自分がわかるようになってきます。つまり自分の内面も見えてきて、外の動きと内面的なものが一致してくるようになります。もちろん最初は外ばかりを追います。しかし、そればかりでは何も生まれてきません。はじめは単なる素人の動きから、型によって武術に基づいた外形を作っていく、そうするうちに内面が見えてくる。型をする時は力でやらないようにすることが大切です。型が力に引っ張られて崩されてしまうからです。よく見せようと思ってもだめですね。崩れます。心の自由さ――ニュートラルな状態がいいでしょうね。

――鏡を見ながら、というのはいいのですか。

宇城　鏡はあまり見ないほうがいいと思います。それよりも、言葉で指摘されたところを自分の身体感覚を通して直していくことを覚えたほうがよい。それと鏡を見ながらというのは、集中力が作りにくいですね。鏡は時々結果としての姿（形）を見る程度にしたほうがよいと思います。

距離も時間も必要としない瞬発力

――最近、よく柔らかさや脱力が言われていますが。

宇城　柔らかさは大事なことですが、剛と柔が同居した柔らかさでないといけない。柔だけだと「剛」につけ込まれてしまいます。では、「剛」とはどんなものでしょうか。「剛」とはエネルギーの爆発とも言うべき瞬発力のことです。

――一瞬で爆発してしまうような力ですね。

宇城　そうですね。だから「剛」には無駄がない。一瞬にして断ち切ることが可能です。相手を倒すのもパンッで済んでしまいます。ズルズル引き回す必要がない。

――そういう瞬発力を発揮できるようにするにはどうすればいいのでしょうか。

宇城　瞬発力には二つあります。一つは外形上から作り上げるもの、もう一つは身体の内面から作り上げる方法です。どちらもベクトルを持っていないエネルギーの瞬発力みたいなものです。

――先生の言われる瞬発力というのは、中国拳法で言う〝勁(けい)〟に近いのかなという印象を受けたのですが。

宇城　〝勁〟は中国の言葉ですが、今述べた二つの瞬発力のうちの後者のほうがそれに近いと思います。もともと中国の福建省から伝わった「唐手」と琉球「手(ティー)」が一つになったものですから、瞬発力にもそれぞれの特徴が出ていると思います。

――よく試合などでは力の入った打ち合いや技の動きを目にしますが。

宇城　そういうのももちろんあっていいのですが、私は武道がそういうものとごちゃまぜにされてしまうことには疑問を持っています。武道としての原点がどんどん失われているように思います。私は座波空手に触れて、本来の空手の姿はこうだったのだと感動しました。

〈剛で打ち込んだもの〉

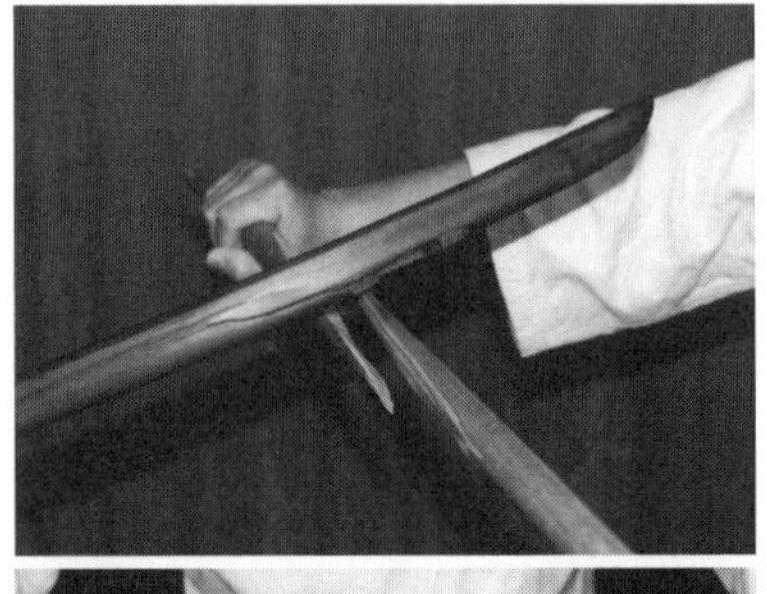

パカッと割れる

〈柔で打ち込んだもの〉

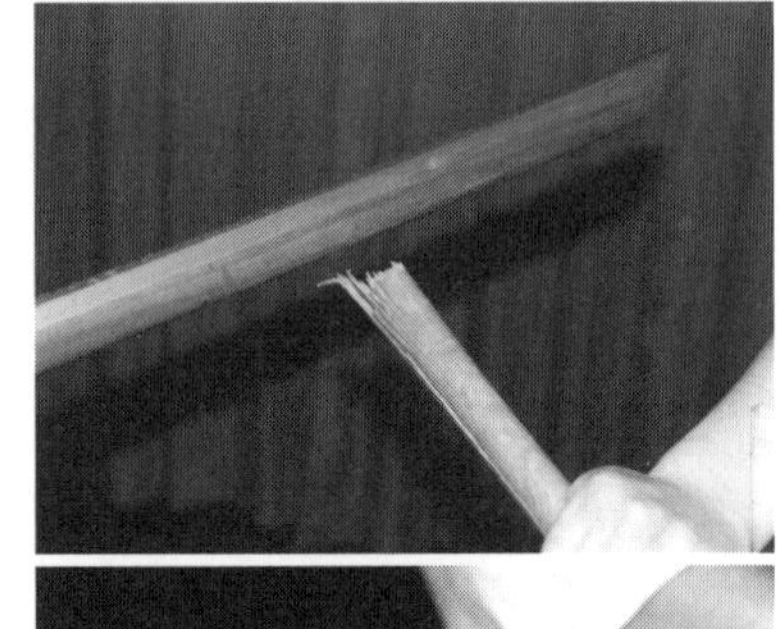

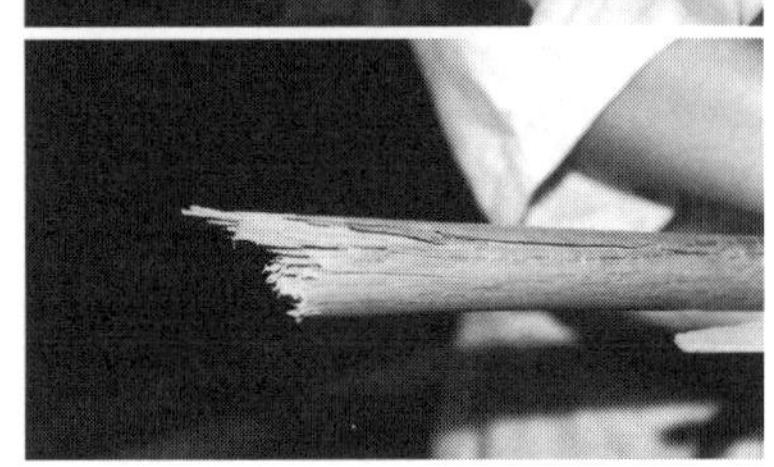

ひきちぎれたようになる

樫の杖を手で持ってもらい、スヌケの木刀で打ち込んだ写真
(両方の写真とも杖を持っている人へのショックはほとんどない)

――先生は沖縄古来の型より集約した五つの型を重視して研究されていますが、あの投げや崩しに当たり前のように行き着いたわけですね。

宇城　そうです。投げや崩しが「型」の中に包含されているんです。座波空手から教えられて私はそのことに気づいただけです。

――でも、気づかなかった人が多い。見える人には宝の山だったわけですね。

宇城　まさに宝の山ですね。

瞬発力を秘めたままの状態で相手の力を吸収する

――相手の力を限りなくゼロにする、という発想も当然、それらの型の稽古から生まれたのですね。

宇城　そうです。型の稽古の中で「瞬発力」を身体の内部に作っていくと同時に、相手の攻撃を受けた瞬間、相手の力を吸収することができるようになった。これは今風の力任せのやり方ではできません。いつでも瞬発力を発揮できる状態のままで、相手の力を吸収してしまうのです。

――そこではある程度「柔らかさ」が必要でしょうね。

宇城　「剛」の中の「柔」ですね。あくまでも「剛」の中の。

――「柔」の中の「剛」ではなくですね。

宇城　そうです。武術には、相手から攻撃を受けた時には一瞬で断ち切るだけの強さが欠かせません。それにはやっぱり主体は「剛」であるべきだと思うのです。ただし、内に「柔」を秘めていることが条件です。「硬い剛」ではないということです。

――受けた瞬間に相手の力を限りなくゼロにして、内に秘めた力を瞬間的に爆発させる――。やられたほうは予測もつかないし、受け身なんて取れないですね。

宇城　ええ、取れないからけっこう危ないんです。でも、うちでは型を分解してそれぞれのどんな技の時でも受けたら相手を必ず無力化する。これはつまり、受けた自分の身体は生きていて、相手の身体は死んでいる状態ですね。それを目指してやっているのです。

――それが確実にできれば、あとの突いたり投げたりはオマケのようなものですね。

宇城　そうですね。で、確実にそれができているかどうかは、本気で腕を掴ませたり突かせたり蹴らせたりしてみれば、すぐに結果が出ます。できなければ、稽古が足りないか、あるいはやり方がまずいか。できるようにまた頑張ればいいんですよ。

——よく「相手の力を利用する」と言いますが、相手はゼロでこっちは万全の状態というのは理想的ですね。

宇城　「押さば引け、引かば押せ」などとも言いますが、そんなことをやっていたら、うちでは簡単にやられてしまうんです。どうきても吸収してゼロにする——。

身体の内面と外面の一致

宇城　私は少なくとも武道では、「心・体・動き」の一致ができてはじめて「術」のレベルになると思っているんです。

——宇城先生はよく「事理一致」ということも言われていますね。

宇城　ええ、古伝の型にそれが凝縮されています。ですから修業を積めば、理に適った正しい身体の動きが自然にできるようになる——。

——それにはどういうプロセスが必要なんでしょうか。

宇城　まず古伝の正しい型を学ぶこと。それと良師について型を通してきちんとした「外形(型)」を身につけることです。で、武道はともかく相手を倒せないとだめですから、本当の意味です

突いてきたところを両手で軽く触れ、相手の力をゼロにする。

そのまま攻撃に入る。

そのまま投げに入る。

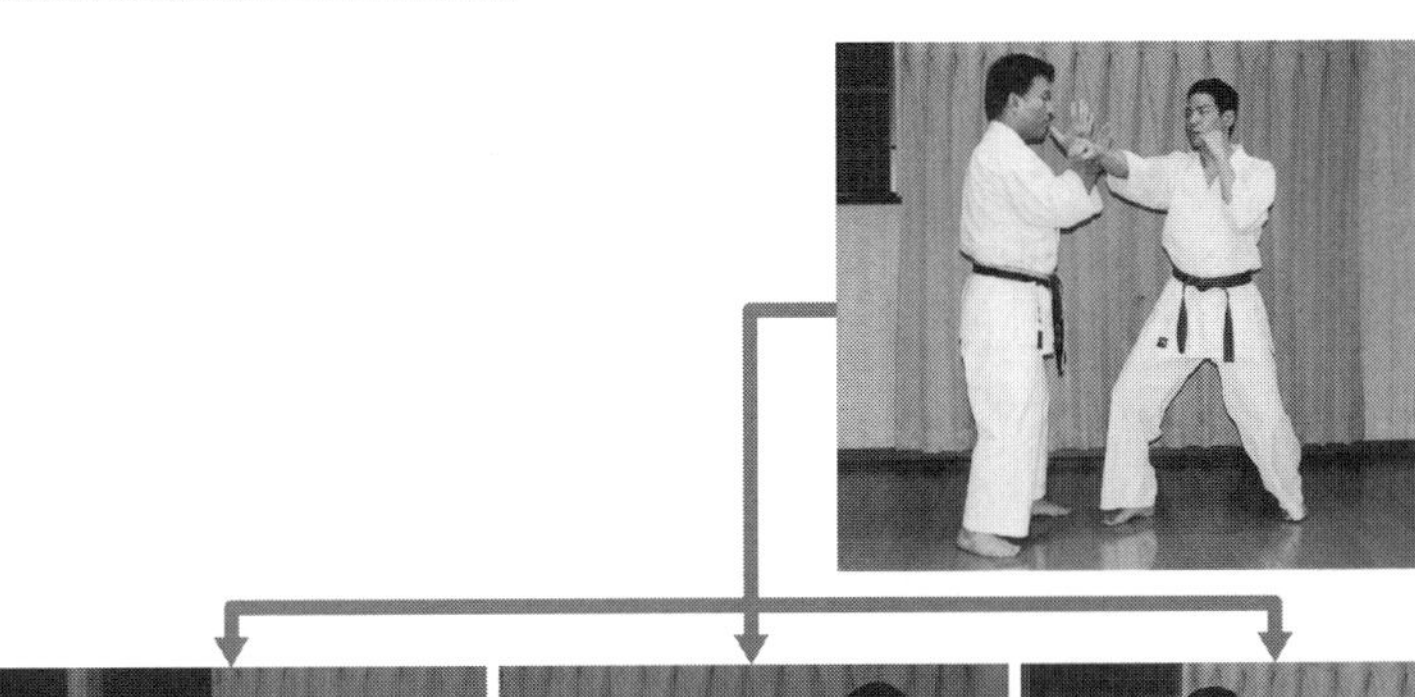

両手を通して相手の体の芯を動かしている。

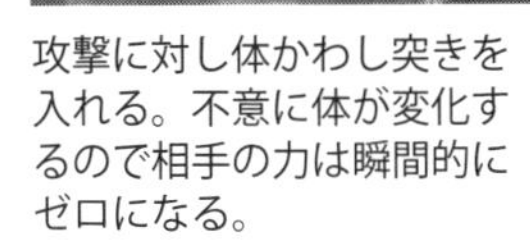

攻撃に対し体かわし突きを入れる。不意に体が変化するので相手の力は瞬間的にゼロになる。

攻撃に対し蹴りを入れる。不意に蹴りが出てくるので相手の力は瞬間的にゼロになる。

攻撃に対し瞬時に導きながら、相手の力をゼロにしている。

べての部位を使えるように鍛練することが必要です。ただし部位を鍛えるということとは意味が違います。巻藁を突いて拳だけを鍛えても意味がない。それは単に拳が強くなったのであって、エネルギーの爆発が伴うような拳にはなり得ないのです。そういう意味で本当に強くなったことにはならない。型に含まれたさまざまな技を「型」と「分解組手」のフィードバックシステムを通して、実際に使えるレベルまで磨き上げるということです。

あるレベルに達すれば、「質」の転換が起こりますから、本格的な稽古が毎日できなくとも、ほんの少し型をやるだけで上達していくことも可能です。

——最大の瞬発力が発揮できる状態とはどんな時なんでしょう。

宇城　集中力と身体の内外の調和が取れた時でしょうね。その調和というのは心が大きく左右します。それをきちんとしたプロセスを踏まえて身につけていくのが鍛練であり、修業ではないでしょうか。

ある日本画の先生の話ですが、松の絵を描く時、一方から松の枝が伸びていると、必ず反対側にそれを受けている一対の枝があると言うんですね。その一対の松の枝の空間は絵の上では空白になるわけですが、そこに生があり、そのエネルギーを感じるまで見つづけ、それが表現できた時、生きた絵となると。間(ま)の空間が見事に共有されているということです。写真ではそれが表現できないそうです。

——それは松同士が間の空間も含めて一体化しているということですか。

宇城　そういうことだと思いますね。武道では間合いを制した者が勝つと言われていますが、間合いを制するということは、相手との時間と距離の間(ま)を制することですよね。相手と反発し合うのではなく、協調して自分のペースで自在に動く。これが間を制するということだと思います。

――自分自身の身体の中と外を一致させた動きを身につける。そして、そこからさらに向き合った相手との間の空間も、相手と反発し合うのではなく協調し合う形で制する――。ド突き合いとは次元の違う世界ですね。

宇城　そうした本来の武道のあり方を少しでも認識していくことが大事なことだと思っています。

修得はデジタル式ステップアップで

非可逆ステップアップ

宇城　前に進むためには、そこにしっかりとした根拠がなければならない。その根拠というのは、やはり理論と実践に尽きると思います。

では、その理論と実践をどうしたら研鑽できるか。私の場合はそれが武術・武道だった。相対的な競技空手では学べない、絶対的な技の修得を必要とする武術のプロセスが仕事で自信になった。それがなければ自分の進歩もなかったし、自分自身の進歩がなければ、仕事もうまくいくはずがありません。

――競技空手では絶対的な技術というのは学べないのでしょうか。

宇城　学べる、学べないということではなく、競技空手はあくまでもルールの中で決まる勝ち負けですから相対的です。それは絶対的な技術の勝利とは呼べない。

かつて明治維新で活躍した人物を見ると、武術をやっている人が多かった。坂本龍馬にしろ桂小五郎にしろ、剣の達人ですよね。身を守る必要もあったが、剣術によって鍛えられた何かがある。そこに絶対的なものがある。そんな彼らが自分の欲を捨てて国を開いた。それが真の勇気・挑戦というものですよ。そして、それが武術の精神であると思います。

――今回は前回の総論に対し、各論に入っていただけるということですが。

宇城　はい、まず「武術における技の修得方法」ですが、武術における技の修得というのは、「非可逆システム」でなければならないということです。非可逆というのは、わかりやすく言いますと、自転車に一度乗れると一生乗ることができますよね。そういう非可逆でかつデジタル的ステップアップを踏むのが武術の修得法であるということなのです。

では、なぜ非可逆システムでならねばならないか。当たり前と言えば当たり前のことなのですが、技というのは「できるか、できないか」の世界であり、デジタル的ステップアップが必要です。一度できるようになると逆戻りはない。デジタル式ステップアップが非可逆システムでもあるわけです。

それは理論と実践が一体となっている古伝の「型」を通して、意識して学ぶ技から無意識化された技、すなわち咄嗟に出る技、術を身につけることが可能です。意識化したものを無意識化するというのは、非常にレベルの高いプロセスを踏まないといけないわけですが、身につけば非常に簡単であるとも言えます。

ところが、通常の稽古というのは頭で考えるんですね。こうしたらいいとか、ああしたらいいとか。その段階では意識した技は出るんですが、これは永遠に無意識の技にはならない。つまり、「術」にはならないということなんです（図12）。

無意識化につながる技の修得は、頭ではなくまず身体が先だということです。たとえば、つねられると痛いというプロセスと同じで、その痛みが脳を刺激する。さらに、脳に焼きついた

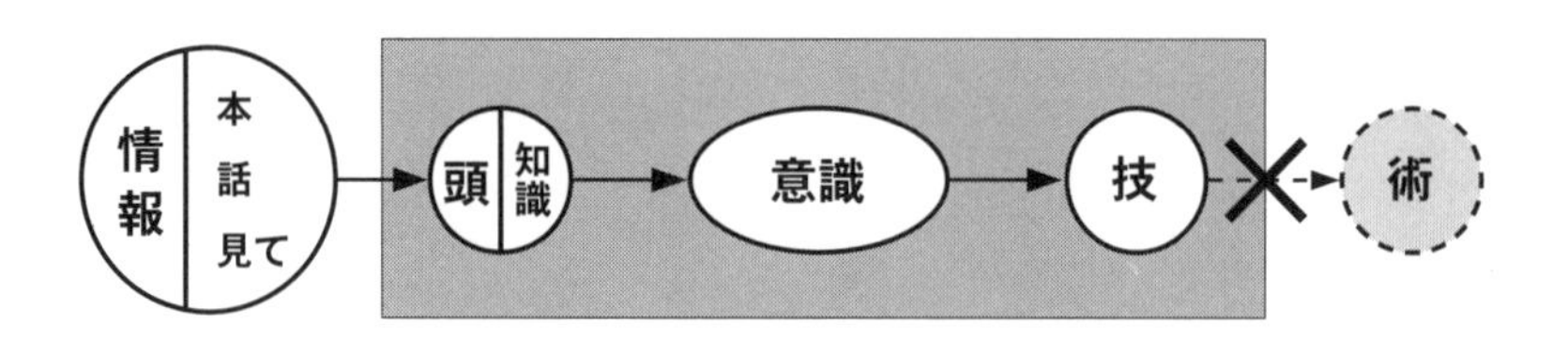

知識・意識を根源とした身体動作は部分体の居付きになり、無意識化にならない。したがって、咄嗟に出る技すなわち“術”への変化が不可能である。

図12. 術化しないプロセス

「痛み」は非可逆であるわけです。次につねられようとしたら手を引っ込める。すなわち非可逆＝無意識化ということです（図13）。

煮えたぎる鍋に手を入れて、「熱いっ！」と言って、手を入れたままの人はいませんよね。手を入れた瞬間、パッと手を引っ込めて、その後で「アチチチッ」となるのが普通です。

つまり、鍋に手を入れて、これは「熱い」と考えてから手を引っ込めるのではないのです。次に同じように煮えたぎる鍋を見た時、その鍋に手を入れようなどとは決してしない。それは無意識化されているからです。それが非可逆的ということなのです。

すなわち身体が覚えている。武術の修得とは意識的に身体を通して技を身

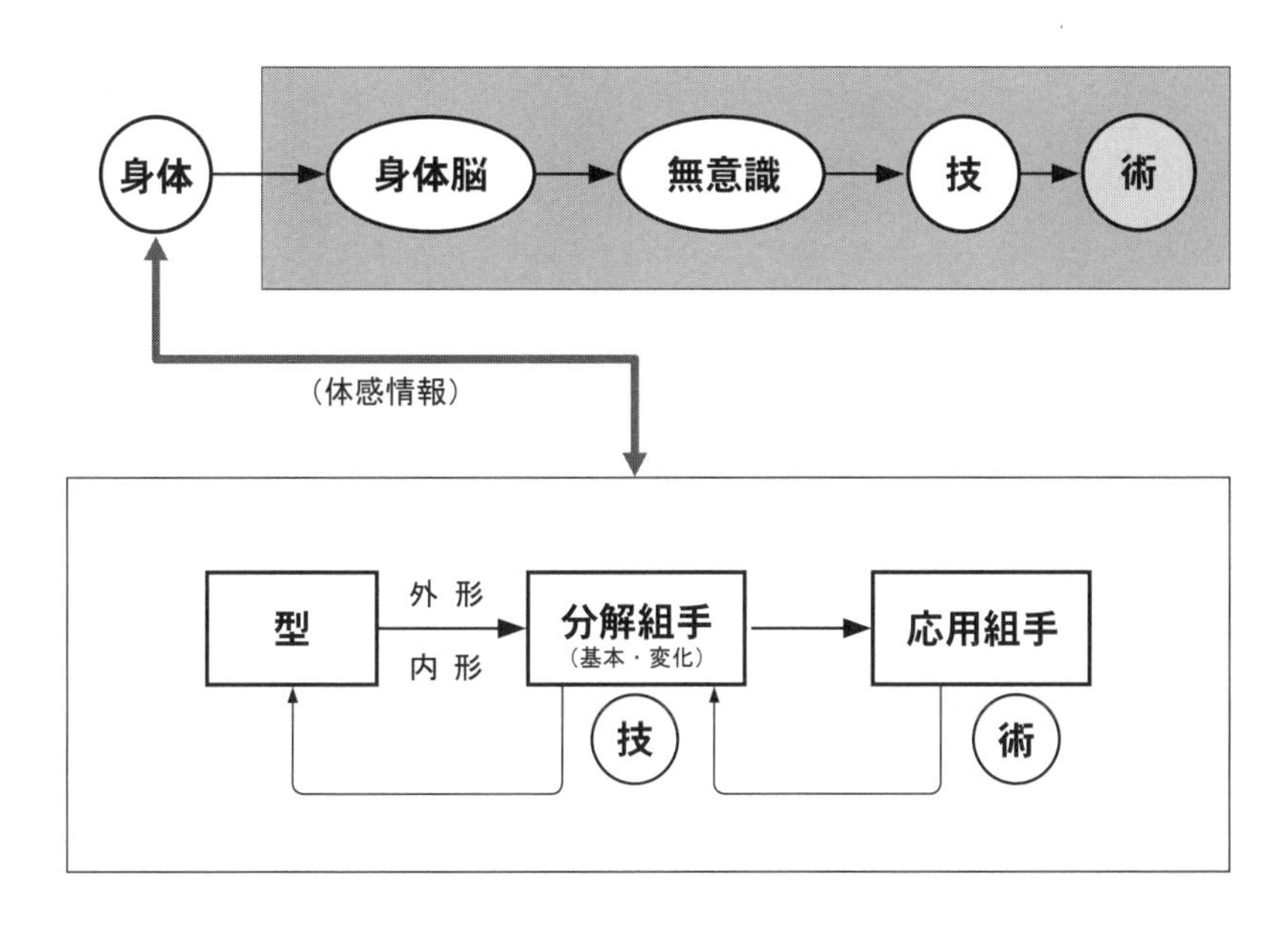

図13．術化へのプロセス

につけ、非可逆ステップアップによってさらにそれを無意識化された技、すなわち術にしていくステップを踏むことです。

最初に型があり、次に実際にその型が使えるかどうかを「分解組手」で確認する。この使えるレベルが「技」ですね。さらに、変化分解、そして最終ステップの応用組手にいく。これは言わば自由組手の段階ですね。そして、それが「術」のレベルということですね。で、それがうまくいかなかったら、また分解組手に戻す――。

このフィードバックシステムによって身体を通して覚えていきます。たとえばうまくいかない時はその一つ前の段階に戻して稽古する。そこで型を掘り下げることによって、一歩ステップアップする。あくまでも身体から脳を刺激して、ステップアップしていくシステムだということですね。

――型から分解組手にいくには、かなり難しい部分があるのではないでしょうか。

宇城　言われる通り、それは簡単ではありません。型で外を作る。つまり姿勢を作る。次に中身を作らなければならない。私は外二割、中八割と考えています。中は見えない。でも八割の内容を要する。その八割を作るために、分解組手が必要になってくる。私は一触という教え方を大事にしています。「百聞は〝一見〟に如かず、百見は〝一触〟に如かず」とよく言うのですが、つまり、触れて教えるということが大事だということですね。

たとえば投げの場合、攻撃をさせ実際に投げる。そうすると、相手は投げられることによって投げるということが力ではないとか、いろんなことが身体でわかってくる。

――つまり、一触から得る情報が身体に伝わる。その身体から脳へ刺激がいく。その繰り返しによって技が術に変化し、非可逆な技を作り出すということですね。

宇城　そうです。それがうちの特徴だということですね。

相対的稽古と絶対的稽古

宇城　次に「相対的稽古と絶対的稽古」ということについてですが、相対とは、言葉の通り相手との関係であり、相手との優劣を競うことに主体があるわけです。極端な例かもしれませんが、リレハンメルオリンピック（一九九四年）の直前、女子フィギュアスケートのアメリカの選手が優勝候補の相手に第三者を使ってケガをさせる事件がありましたよね。要するに何がなんでも勝てばよいという発想ですよね。オリンピックレベルでこういう状態です。

目標のあり方がおかしいからプロセスまでおかしくなってくるということだと思います。

一方、自転車に乗れなかった人が、乗れるようになるということは、ひとつの喜びですよね。その過程に遅いか早いかはあったとしても、それでも自転車に乗れることには間違いない。それが「絶対的」であるということなんです。「絶対的」とは自己の成長、上達を目指す考え方であり、かつ、非可逆のシステムで修得すれば、確実に進歩がある。そういうものであるということですね。

うちでは、子供に試合というものをさせません。そのかわり自由組手はやらせています。突いたり蹴ったり、子供は本気にやりますから、痛いのと悔しいのとで涙を出しながらでもやります。その時自由組手を通して勝った負けたではなく、「どういう点がよかった」とか「こうしたらよい」とか、そういう判定をするのです。つまり、個々が上達するための導きをするわけです。

そういう絶対的な稽古というのは、すべて型の中にあるのです。それを頭で学ぶのではなく身体で学ぶ、それが大事だということですね。

型にこそ真理がある

宇城　私は理論も大事にしています。それは、理論には普遍性がある、そして法則性があると考えているからです。理屈という似た言葉がありますが、これは個々の考えであり普遍性がありません。普遍性・法則性があるということは、誰がやっても同じだということですね。で、私は、それが「型」だと考えているのです。そして、その「型」にこそ真理があると思っています。

――理論が大事と言われて、先ほど言われた「頭」の話と矛盾するのではないかと一瞬思ったのですが……。理論イコール型と聞いて安心しました（笑）。

宇城　そうですか（笑）。「理屈」には普遍性・法則性がない。だから各人各様で、たまたま技がかかっても、それが共通認識にもならなければ、次にその技をやろうと思ってもできない。

「理論」のレベルでやっていれば、いずれは到達するし、そこには確かな夢と希望がある。私も座波先生の姿を見て、いずれはああなりたい、そしていずれはああなると不動の信念を持って続けてきました。

話は変わりますが、アメリカ、俗に言うシリコンバレーへＩＣの開発に行っている時、現地のトップや開発者から宇城の理論・思想はどこからきているのかといった質問をされました。私が武道からだと言うと、彼らは非常に興味を示すわけですね。家に招待してまでいろいろ聞こうとする。おかげで毎日いろいろな人に招待されました。

彼らの学びたいという気持ちは人一倍強く、単に相手に地位があるなどの理由から酒場に招待したり、家に招待するようなことは決してない。その辺りのけじめというのはしっかりあるんですね。

そして、こちらが相手の求めるものに応えると、きっちりとした返礼がある。そして大事にする。それとピュアーなところがある。それに義理堅い。日本人がいちばん義理堅いなんて言っていますが、彼らのほうこそ、そういうことがわかっている気がしますね。

アメリカのアクション映画を観ると、その闘う相手はマフィアであったり、あるいは正義側であるはずのＦＢＩであったり、時には国家であったりする。何か得体の知れないものと闘うというシチュエーションが多い。でも、日本の場合は義理と人情で敵対するヤクザと闘うなど、規模が小さい。日本の武術・スポーツの世界にもそういうスケールの小さいところがある。もっと開かれないといけないというのが、今の日本の武道界の現状ではないかと思います。

防御からの攻撃が基本

宇城　ではもう少し具体的な武術空手の特徴に入りましょう。まあ、宇城空手に限らないのですが、「武術は防御からの攻撃が基本」であると思います。
宮本武蔵は六十数回闘って、一回も負けなかったと言われますが、負けたら死んでいるわけですから、当然のことですよね。負けは決して許されない状況だったのですから。そうなると防御とは、まず自分を守ることが絶対であり、そこから出した攻撃が勝ちにつながる。つまり、すでに守った時点で勝ったとも言えるわけですね。これが防御です。

でも、スポーツの場合は攻撃が主体になっています。ですから勝ったり負けたりということがある。スポーツではこうしたことが許されても、武術では負けは死を意味するわけですから許されない。ですから、防御からの攻撃、これが基本であると言えます。

でも、それがほとんどできていないわけですよ。その原因を探ると、次のように整理できると思います。「相手の攻撃に対して、防御に入った瞬間から『後の先』となり、相手の二の手を封じている」という状況を作っていないからです。

武術は防御からの攻撃が絶対条件なわけで、そのためには、防御の受けの手が生きていなければなりません。つまりそれは相手の手を死に手にさせることであり、死に手にさせれば相手の手は決してこちらに届かない。もしくは届いてもそれは有効打にはならないということなんです。

そのようにして相手の一方の手を死に手にすると、もう片方の手も死に手になります。つまり、相手の攻撃に対して、早いか遅いかの問題ではなく、常に相手の二の手を封じ、かつこちらはいつでもそこから攻撃ができる状況にある。それが防御だということです。

実際にやってみましょうか。

——（取材に同行した、某流派高段者を相手にして思い切り突かせる。しかし、相手が突き切る前に、宇城氏の突きが顔面にきまっている。何度繰り返しても結果は同じであった。はたから見ていて決して宇城氏の動きは速く見えなかったのだが……）これは決して物理的なスピードではないんですね。

宇城　そうなんです。遅いか早いかという問題ではない。相手が突き切る寸前に動き、瞬間的に相手を死に体にします。

――たとえば、型の中できちんと手で受ける技が出てきますよね。でも今、宇城先生のやられた動きは単に突いているだけ。

宇城　受けた時はすでに身体が入っていますからね。防御というのは、受ける必要がないんです。受けたとしても、相手に軽く触れているだけですから、ステップアップしていくなかで、そういうことができるようになるのです。それから、剛から柔ということも大事ですね。柔だけだったら、こうしたことはできない。剛というのは力が入っているということとは違います。力が入っているのは「硬い」です。つまり、剛柔と硬軟はその内容が全く異なるということです。

それと、今もやりましたが、「相手の攻撃に対し、直線に入り込む」ということが大切です。直線に入っていく時に最初はどうしても相手の攻撃を手で受けながら入っていく。この域をなかなか抜けられない。その時は型にかえって再度練り直さないと無理ですね。

――宇城先生の言わんとするところはわかるのですが、宇城先生の動きがシンプル過ぎて……、実際にはどうやっているんだろうと。

宇城　もちろんやられている本人はわからないでしょうね。実戦はシンプルでないといけない。見た目が複雑で派手な技は使いものにならない。稽古としてはよいですが。

――それと写真でも表現できない。見た目には途中経過なんてないですからね。相手が突いたら、それより早く宇城先生が突いている。ただ、それだけ……。

宇城　そう、写真で武術は表現できません。また文章にもできない。だから一触を通してやるしかない。稽古ではその一触を大事にしています。一触によって相手の力量は全部わかります。また一触を通しての指導は、「できる」という裏付けが自分になければならない。それだけに厳しい世界です。

型の本質

型を修得する三つのポイント

宇城　前回はフィードバックシステムが上達のための最良のシステムであるという話をしました。今回は、その基本、また原点である「型」について話をしてみたいと思います。

型を検証するために分解組手がある。さらに変化応用組手と進み、課題があればまたそこからフィードバックして型に戻っていく。課題がある時だけフィードバックするのではなく、組手に変化が起きた時、あるいはポンとできなかったものができるようになった時もフィードバックする。そのことで五つの型が一連してステップアップする。さらにそこからヒント、気づきが得られ、それがまた組手に生かされてくる。これが型を修得するためのシステムなんです。もう少し具体的な内容に入っていきたいと思います。

型の内容を見た場合、三つのことを修得する必要があります。まず、一つには「正しい外形を作る」。二つ目に「内形を作る」。これは分解組手を通して作るしかありません。なぜなら、内形は見えないからです。そして、三つ目に応用組手を通して「内形・外形の合一」をはかる」。

――この場合、時間の目安というのはあるのでしょうか。

宇城　それはその人に応じてということですね。よく理解していただきたいのは、スポーツと武術とは違うということです。比較できないと思います。スポーツでは早く強くなること、すなわちルールの中の試合で勝つといったことが、第一に上げられる。でも、それは武術の修得には邪魔になる、また逆行することになるのです。

試合に勝って優勝するということはありがたいことだけれども、それはいつも瞬間的なものです。武術の修得にはもっと大事なものがある。つまり、自転車に乗れるようになるとか、泳ぎができるようになるとか、できなかったものができるようになり、そして一度覚えたら一生忘れないものということです。

強さを求めるとか、勝ちたいという「相対」の思いの強い人は、武術の修得上は、逆に時間がかかるかもしれません。あくまでも、「できるか、できないか」は本人次第。ですから、時間的な目安については言えません。

——最初に言われた、型の三つの修得法について、各レベルでいったいどのようなことを身につけていったらいいのか、またなぜそれが必要なのでしょうか。

宇城　まず型によって正しい外形を作る。簡単に言えば、型に添って手・足・体・動きの姿勢ができているかどうかを見る。誰が見ても身体が曲がっているのに、本人はまっすぐだと思い込んでいることが往々にしてある。それを変えていく。その目安が初心者は八〇パーセント、これはもう当たり前のことですよね。

その外形を作る上でのポイントは、第一に「左右のバランス」。第二に「上下のバランス」。そして第三に「前後のバランス」です。

上下のバランスというのは、下半身と上半身がつながっているか否か。初心者がやる左右の突きで、上半身にばかり力が入って、だんだん前のめりになってへっぴり腰になっている例があります。これは、横から見ると前後のバランスとも関係してきますが、それらを直します。

初心者のうちは、型をするにしても力に頼りがちになる。そして、力に型が引っ張られて、バランスが崩れがちになります。そうなると、武術に必要な究極の瞬発力、貫通する力、吸収する力が身につきません。ですから、この筋力による力からの脱却は武術空手に向かう絶対必要条件と言えるのです。これを切り換えないとだめなのですが、これがなかなか難しい……。

沖縄には「夫婦手（めおとて）」という言葉があります。これは左手は右手を助け、右手は左手を助ける。つまり左右の手を夫婦の如く助け合って使うという意味です。

受けの稽古をしている時に座波先生からよく言われたことですが、「宇城君、左手いらんのだったら、タンスにしまっとけ」「宇城君、郵便ポスト、郵便受けというのはあるけど、空手に受けはないぞ」とか（笑）。表現はやさしいのですが、厳しさがある。そんな印象に残る教え方をしていただいたのですが、やはり正しい外形を身につけるためには、こうした素晴らしい師に出会うことがいちばん大事なことですね。

――でも、それがいちばん難しい。

宇城　そうですね。どうしたらいい先生と出会えるかよく聞かれるのですが、それは運、不運としか言いようがない。

――縁があるかないか（笑）。

宇城　私はそこに雑誌の使命があると思っているのです。いろいろな雑誌や書籍を通して、武術というものを読者が客観的に判断できる。かつてはそうした機会もあまりなかった。それが今はある。

分解組手とは

宇城　次に、分解組手を通して内形を作るという話に進みましょう。
外形は目で見て学ぶことができる。だからこそ正しいものを身につけた先生に学ぶ必要があるのですが、内形は目で見て学ぶことが難しい。しかし、内形と言えども結果的には外形に表われる。まあ、これは見える人が見ればわかるのですが、そこまでわかるようになるには時間がかかります。そこで、私のところでは、分解組手を通して内形を作っていく方法を取っています。
分解組手で実際に手合わせして相手に触れる。触れることによって「技がかかるか、かからないか」ということがはっきりしてくる。そうすることによってこの型が使えるか否か、白黒がはっきりします。できなかったらなぜできなかったのかを追究する。そして型に戻して練り直します。

――分解組手というのは、いわゆる「約束組手」と同じものなのですか。

宇城　見た目は同じです。ただし、その中身は違いますけどね。

――その中身についてお聞きしたいのですが。通常の約束組手の稽古を見ていると、数をこなすうちにかかり手が受けられまいとして、だんだんまっすぐ突かなくなるといった弊害が見受けられますね。

宇城　それは、約束組手のための組手をしているからですよ。それではだめで、はっきりと攻撃する技を決めて、その上で相手を一発で倒すよう、本気で攻撃しなければならない。

そうした本気の突きだからこそ、スピードへの対応力、力に対する対応力、変化に対する対応力を身につけることができる。突き手は本気でやれと常に戒めている。だから、うちでやる分解組手では互いが慎重にならざるを得ない。型がきちんとできていると、相手の攻撃に対して前に出るのが怖くなくなる。

――その型がきちんとできているという確信はどこから得られるのですか。

宇城　分解組手で使えるということ、それと技に歪み、居付きがないということですね。

分解組手でもう一つ大事な点は、技がかかるように自分の解釈で型を変えてはだめだということです。たとえば、相手が突いてきた、それを型にはない、たとえば上体を反らして防御するようなことをしてはいけないということですね。

――でも、上体を反らすことによって、とりあえず相手の攻撃を避けることはできますよね。

宇城　その時避けられてもその後があるわけで、防御にはなりません。型はそういうところが非常によくできていますから、型からの技が出るように稽古しなければなりません。

――たとえば、投げの稽古をしている時に、投げられまいとして相手が逃げたりすることがけっこうありますよね。

宇城　よくありますね。それは投げる側の技が未熟だからです。うちでは投げられる側に投げられない方法をどんどん教えていくんです。投げられないコツをどんどん教えて、それでもかかるのが真の技だと思います。

どんどん条件を厳しくしていくなかで、攻撃側は常に真剣になる。真剣にやるからこそ、受ける側が否応なしに対処できるようになる。それがひとつの技の自信になり、どんな相手でも受けられるという自信につながっていくわけですね。

外形・内形の合一とは

――いわゆる競技組手を見ると、型からかなり分離しているという気がするのですが。また、空手の型など試合には何の役にも立たないと言う人もいます。

宇城 型というのは、一見杓子定規のように見えますよね。しかし、そうではないんですね。すなわち型そのものが組手に使えるということではなく、型の中に組手のエキスがあるということです。つまり型を基本として、また起点としてそこからの変化応用が組手になるわけです。それを身につけることで、逆に自由な組手ができるようになるということです。型から派生していない技は、ワンパターンになって自由がないですね。

――つまり、そういう人たちは、型の意味を知らない、もしくは使いこなしていないということですね。

宇城 そういうことになりますね。そして『応用組手を通して外形・内形の合一をはかる」ということが大事ですね。

――型とその中身である理合が一致するということですね。

宇城　はい。これは俗に「事理一致、心技体一致、剣体一致」など、いろいろな表現がありますが、外形がいくらできても、また内形がいくらできても、その統合ができていなければ「術」にはなり得ません。それが外形・内形の合一すなわち外形・内形の一致・融合ということです。術というのは、咄嗟にできる技、無意識に出る技のことです。それと「心の働き」が重要です。心に歪みがあったりすると、なかなかうまくいきません。

外形・内形の合一をはかるために、応用組手・自由組手があるのですが、ここではさらに究極の防御を学びます。つまり、自分を守る。守りの中から攻撃する。これが本来の防御です。防御の技は型から生まれる。つまり、型は防御なんですよ。

逆に言うと、型がなければ、すべて攻撃に変わる。攻撃だけだと、すべてがいちかばちかであり、相手が強ければ、負けるのは必然です。型は自分を守るということを教えてくれるのです。

型を修得するということは、外形を作る、分解組手を通して内形を作る、最後に応用組手を通して外形・内形の合一をはかるという三つの過程を経て、はじめて可能になる。そして、その繰り返しによって、日々の上達と発見があります。ここに型の真理があるのです。ここに型は永遠に変えることなく受け継ぎ、そして引き継いでいく必要があるということなのです。

空手の理合

――かなり具体的な内容に入ってきましたが、座波先生は宇城先生に素晴らしい示唆に富んだ指導をさ

［Ｉ］内歩進（ナイファンチン）の型より

「構えの姿勢から左足交差より、右足を横に出すと同時に右手刀打ちをする」

① 型を通して正しい外形を作る

（上下のバランス）
下半身の上に上半身がしっかり乗っているようにする。

（左右のバランス）
右足を横に踏み出すと同時に右手手刀を強く打つ。この時右手の勢いに引っ張られて左右のバランスが崩れないようにする。左右のバランスを体で覚える。

（前後のバランス）
前かがみになったり後ろに反ったりがないように体で覚えてゆく。

② 基本分解組手を通して内形を作る

攻撃に対して相手に直角に入り込んで手刀打ちをする。型ができていないと直角に入り込めずに相手の突きをくらう結果になる。うまくいかない時は、型に戻るというフィードバックを行なう。

れた。それと同様に宇城先生も、また違った意味で私たちにとってとても理解しやすい言葉で語ってくださいました。空手の型における「理合」ということを中心に語ってくださったのは、私たちにとってははじめての経験なのです。

宇城　それは、私が居合道をやっていることとも関係していると思います。剣術の世界では理合ということがよく言われていますので。

――文章にはしづらいのですが、実際に先生と対すると、型の一つひとつの動きの中に技としての理合がある。それは無理な解釈ではなく、まさに理に適った

［Ⅱ］抜塞（パッサイ）の型より

「体かわし突き」

① 型を通して正しい外形を作る

（上下のバランス）
腰で反ると、上下が切れてしまい右拳突きの威力がなくなるので、上下が一体になるようにする。

（左右のバランス）
右手に体が引っ張られてバランスが崩れないようにする。

（前後のバランス）
側体が一直線になっているか、ねじれていないかを体で覚える。

② 基本分解組手を通して内形を作る

攻撃に対して体をかわしつつ右手突きを相手の脇腹に入れ込む。体がねじれたりバランスが崩れると、逆に相手の突きを自分の脇腹にくらうことになる。うまくいかない時は型にフィードバックする。

動きとしてある。

その意味で、もうひとつ思うことですが、子どもの頃、空手というのは一撃必殺だとよく聞かされ、そう思っていました。ところが、フルコンタクトの試合などが隆盛を誇るようになると、お互いに何十発と打ち合っても倒れない。それを見た時に、「なんだ、空手って一撃必殺じゃないじゃないか」と思ったわけです。

ところが、はじめて宇城先生を取材した時、先生が受けると、相手の身体が隙だらけになり、そこですかさず急所にポンッと技をきめる。それを見た時、あっ、これが本当の一撃必殺なんだと

（ナイファンチンの分解より）

〔写真左〕体の変化と右手刀打ちが一挙動（一の動き）でなければならない。すなわち変化と打ちがひとつであることである。動きが一の動作であることとは異なる。あくまでも打ちとか突きが相手の攻撃に対して一でなければ威力は消えてしまう。
〔写真右：後ろから見たところ〕相手の攻撃の拳が中心からずれている。すなわち受けてから突く、打つという動きではないことを示している。攻撃の拳を中心から体の変化によってはずせないと、必ず右手が受けを取ることになり、打つとか突きの一の防御はできない。

（パッサイの分解より）

〔写真左〕足の動きによって体の変化をするナイファンチンと異なり、パッサイの場合は体の変化によって行なう。
〔写真右：後ろから見たところ〕ナイファンチンと同じく攻撃の拳が中心からずれていることがわかる。この体かわしは型ができていないと相手の攻撃をまともにくらう。体の一体化した動きが必要。

いうことを、あらためて思ったわけですね。

宇城　それは、型の中にちゃんとした理合があるからですよ。理合がなければ、相手の技をもらってしまうし、こちらも危ない。逆にこちらが有効な技をきめることもできない。

――その理合という場合、剣道では「三つの先」というのがありますよね。

宇城　先の先、対の先、後の先という三つの先がありますが、それは型を修得するなかで理合を修めないとできないものなのです。

――つまり、まずは型に含まれ

〈外形・内形の合一の例〉

剣術に応用した例
（竹刀にしたのは相手に本気になって打ち込ませるため）

●打ち込もうとして竹刀をふりかぶった瞬間に入り込んで相手のコテに斬り込む。
入り込んだ時、相手は呼吸（気の流れ）も止まった状態になる。したがって斬り込んだ木刀は強くないが、相手は動けない状態となる。
相手の動きに合わせる、そして相手の動きを止める（気の流れを止める）、これは外形・内形の合一である。
写真はもちろん、ビデオでもその動きはわかりにくいが、実際やるとよくわかる。

●打ち込んでくる竹刀に対して、打ちおろしの動きに合わせて小手に斬り込む。
相手（右側）の竹刀は逸れ、かつ小手を斬り込まれている。相手の動きに合わせて動けるということが外形・内形の合一ということである。

（悪い例）
●打ち込んできた竹刀（左側）に対して受けで対応している。
外形・内形の合一ができていないため、打ち込んでくる相手に対してどうしても受けをせざるを得なくなる。

る理合を学ぶことが先だと。正直言えば、型に含まれる技の中にそうした理合があるとは、これまで考えてもみなかったんです。ただ、相手がきたらこう受けてと、形式的には理解できますが、実際には使えないものだと思っていました。

宇城　それは、これまでできる人がいなかったというだけなのですよ。木刀で相手に思いっきり打たせて、それをスッとかわして小手を返す。これは見た目は簡単ですが、実際にできる人というのは少ない。

それができれば、相手が拳で突いてくるのも簡単に見切ることができる。これが剣（拳）

理一致ということになるわけですね。

相手が打ってくるのをかわして、小手に反撃するという、そうした一連の流れというか、エキスが空手の型の中にもあるということなのです。型というのは無形文化財なんです。有形のものは残りますから、あとで何度でも見ることができますが、無形のものは一度失ったらそれでおしまいなのです。身体で覚えて身体で伝えていかなければならない世界ですよね。

もっと端的に言うと、いくら瓦を何十枚と割れる強い拳があっても、動いているものはなかなか割れない。それでも割ろうと思った時、そこに理合がないとだめだということですね。そういう理合が型の中にあるんですね。でも正直言うと、今そういうものが空手の世界ではものすごく欠けているわけですよ。

――ほとんどないに等しいいんじゃないでしょうか。でも、先ほど宇城先生が、技ができるようになるための時間的な目安はないと言われましたよね。現状だと、宇城先生のような視点で気づくというのにかなり時間がかかるのではないでしょうか。競技全盛で、運動神経がよければ、たまたま優勝することができる。そしてうまくなったと錯覚することもできる……。

宇城　それはスポーツとしてルールがあるから仕方がないですよ。沖縄古伝空手には剣の世界と同じ白黒がはっきりしたところがある。すなわち、やるかやられるかの世界がある。それゆえに理合が重要になる。理合のない世界というのは、どうしても内容のレベルが落ちますね。

――たとえば、もしかしたら宇城先生ぐらいの技を使える人がいるかもしれない。でも、宇城先生ほど言葉を持たないがゆえに埋もれている人がいるのでは？

宇城　そういう人はいると思います。

――言葉がないから、宇城先生レベルの人がいるかどうかもわからない。

宇城　武術に言葉が必要かどうかは疑問ですけどね。芭蕉の「不易流行」という言葉がありますが、不易は武術であり、流行は時代を背景に変化していくものではないかと思います。それが競技空手であってもよい。座波先生から稽古は武術でしなさいとよく言われました。それは、武術はスポーツに通用するがスポーツは武術に通用しないということだということです。それはまさに一つの不易流行とも言えますが、本来は、いかなる社会情勢にあっても理に適った生き方ができてこそ、真の不易流行だと思います。

生き方に反映する武道を

武道とはあくまでも武術を踏まえたもの

――この「武道の原点を考える」というインタビューも今回で四回目になりましたね。

宇城　そうですね。「武道の原点とは何か」ということですが、私は次のように考えています。

――「武道の原点」とは?

宇城　それは「武術である」ということです。

――武道というものの中身は「武術である」というわけですね。

宇城　そうです。では、「武術の原点」は何かと言うと「型」である。

――武術というものは「型」というものに集約されると。それでは、さらに「型の原点」とは何でしょう。

宇城　「型の原点」とは、実戦の中から生まれた「普遍の法則」を持った技の集大成です。

――机上の空論から作り上げられたものではなくて、そこには自分の身体を通して得た命懸けの裏付けがそれぞれにあったでしょうね。

宇城　そうした裏付けがないものは、実際に使えるかどうかの保証がないですね。武術は実際に使えるかどうかが鍵ですから、使える保証がないようなものは武術の型とは言えませんね。使えるという裏付けがあるからこそ、型を極めることは武術を極めることでもあると言えるわけです。

　では、どういう型を極めればいいかが問題ですが、やはり使える型というのは、その時代背景と歴史の重みに耐えて残ってきたもの――そういう型がより完成度も高いと言えるでしょう。ですから、そうした古伝の型を自分のものにしていくのが最良の方法だと思います。

――では、武術と武道の差異はどういうところでしょうか。

宇城　実戦としての武術を根底にしてその修業の中から生まれた、人生の「生き方」「哲学」が武道ですね。

――なるほど、よくわかります。しかし、昨今は「武道」と「武術」という言葉が実に曖昧に、あるいは混同して使われているのではありませんか。

宇城　その通りですね。武術というのは、できるかできないか、実にシンプルで、やってみればすぐに答えが出てしまいますね。ところが、武道は「概念」ですから、いろんな言い方ができます。答えもそう簡単には出てきません。

――しかし、その武道が、武術という「普遍性」を秘めたものをきちんと根底に踏まえたものであるならば、その中にも当然同じ「普遍性」があるはずですよね。

宇城　肝心なのはそこなのです。できるかできないかに尽きる武術の世界には曖昧さはありません。そういう厳しさを踏まえたものであるからこそ、大きな意味を持つわけで、それがない人がいくら武道を説いても説得力がありません。

――おっしゃる通りだと思います。武道を説く者は、いつもそのことを自分自身に問い返すという姿勢を忘れてはならないですね。

宇城　それではスポーツの原点とは何かと言うと、それは「勝つこと」ですね。

――スポーツは競技ということを抜きに語れませんからね。

宇城　そうです。まず、基本となる技術や動きを身につけますね。その点は武術とよく似ています。それからそれらの技術を試合で活用するための応用に入りますが、最優先となるのは試合に勝つための「テクニック」になる。

――それでは「術」から「道」への昇華は無理でしょうね。

宇城　武術は「普遍性」の技を追求します。そこが武術とスポーツの大きな差だと言えるでしょう。

百見は一触に如かず

――宇城先生がお考えになる上達の条件とは、どんなことが挙げられますか。

宇城　型だけ、あるいは自由組手だけではステップアップしていくのは難しいと思います。やはり、基本としての型があり、その検証としての基本分解・変化分解・応用組手があり、かつその体系がフィードバックシステムになっていることが上達への条件です。

――よく武道を学ぶ上で、たとえば「素直な心」とか「反省すること」とか「謙虚であること」が必要だというような声をよく耳にしますが。

宇城　それらはたしかに学ぶ上での心のあり方を示しており、大事なことですが、それでは反省したからといって、できなかったものが必ずできるようになるか。謙虚でありさえすれば、できなかったものが必ずできるようになるだろうかということです。

――反省しない者よりは、謙虚でない者よりは、できるようになる可能性が高いだろうという程度でしょうか。

宇城　目的は「できるようになること」ですね。フィードバックシステムで検証して、できない原因を究明する。そしてそれを克服してできるようになる。それを繰り返してステップアップしていく。そのための「気持ちのあり様」ではなくて、あくまでも「実践の方法」――それがフィードバックシステムなのです。

――たしかに。たとえば、できなくて「お前は反省が足りない」「人の言うことを聞こうとしない、謙虚さが足りないのだ」などと言われても、できるようになるための役にどれだけ立つかは、はなはだ疑問ですよね。

それよりも「何故、できないか」、その原因を明確にし、「克服するには具体的にどうすべきか」、肝心なのはそういうことなのではないでしょうか。

宇城　型こそ武術を学ぶ上での原点であり、基本であると言えます。フィードバックシステムの中で、基本そのものがレベルアップしていくことを何十回、何百回と経験してこそ、その原点にある型の偉大さに、また先生の一触を通しての教えの深さに畏敬の念を覚えるようになるのです。「尊敬」とはまさにこういうことだと思います。

——言葉による説明も昔に比べるとずいぶん多くなったような気がしますが。

宇城　師の導きとは、「一触を通しての教え」であることが原則ですね。言葉による説明はあくまでも補助的な効果しかない。

——動きを言葉で表現するのはたしかに難しいですね。言わんとするものの一部は表現できても、そのすべてを言葉で表わし、かつ伝えるのは限界がありますからね。

宇城　そうした時の言葉も、「型」「技」「術」が実際にできる——というところが言葉の出所であること。そのことを忘れてはならないと思いますね。

また、言葉が先行すると、どうしても頭からの命令になり、意識しての「技」の段階まではなんとかできますが、その上の無意識としての「術」にはなり得ないのです。だからこそ「一触を通して学ぶこと」が大事になってきます。

——良師が絶対に必要になってくると。

宇城　ええ、そうですね。一触をもって導いてくれる師にめぐり合えることは、その人にとって重大なことです。

——「百聞は一見に如かず」。

宇城　さらに「百見は一触に如かず」です。この一触をもって教える、学ぶことが大事です。

——大きな道場で大人数で、号令に従って稽古をしている光景をよく見かけますが。

宇城　人数が増えるとやむを得ない面もあるかもしれませんが、武術としての稽古はやはり小人数にならざるを得ない。とくに「一触」を心掛ける師であれば、相手にできる人数には自ずと限界がありますからね。

学びのプロセス 守・破・離

宇城　武道も含めて、習い事の世界には「守・破・離」という素晴らしい教えがありますね。

――「守」は基本を徹底して学ぶ。先生の教えを真似る。「破」は基本を修得後、他を研究したり、あるいは自分で工夫を加える。「離」は自己の技の完成をはかる。だいたいこんな意味でしょうか。

宇城　そうですね。宇城空手の指導体系であるフィードバックシステムも、まさにこの「守・破・離」と同じ方式になっているのです。

まず、武術には「修得のレベル」として「基本」→「技」→「術」の段階があります。その「修得の方法」としては、まず基本として「型」を学び、技の段階では「分解組手」を、さらに術の段階では「応用組手」を学ぶわけです。

次にこれらを「守・破・離」の教えに当てはめてみると、「基本＝型」の部分が「守」、「技＝分解組手」の部分が「破」に、「術＝応用組手」の部分が「離」に相当します。

――もちろんそれぞれの段階で必ずフィードバックシステムが働いているわけですね。

宇城　そういうことです。分解組手がうまくいかない時は、一度型にフィードバックして基本を練る。そしてまた分解組手に進む。その繰り返しによってレベルアップをはかっていく。

――基本としての型、技としての分解組手、術としての応用組手、それに「守・破・離」という考え方もあって、さらにそれらがフィードバックシステムで検証されてステップアップしていく世界、それが武術の世界であると。

宇城　その際の「守・破・離」というのは「狭義」の意味での「守・破・離」です。

――ということは「広義」の意味の「守・破・離」があるのですね。

宇城　あります。それはこういうことです。先ほど武術と武道の話をしましたが、両者の関係を「守・破・離」に置き換えて考えてみてください。

――武術＝守で、武道＝離ではないでしょうか。

宇城　その通りです。

――というと「破」は何か？………わかりました。「フィードバックシステム＝破」ですね。

宇城　そうなんです。

――まさに広義の「守・破・離」ですね。

宇城　大きい世界、小さい世界、あらゆるものを「守・破・離」に当てはめて考えることができます。しかし、その際に肝心なのは、得たそれぞれの結果や答えをばらばらに持っていたのでは役に立たないということです。統合することが大事です。

たとえば、科学の世界でもミクロ的な研究とマクロ的な研究がありますね。

――たとえば人間はどうなっているのか、細胞からDNAへなどのようにもっとも小さな単位まで突き詰めて解明しようとする研究と、逆に宇宙はどうなっているのか、壮大なものの解明をしようという研究がありますよね。

宇城　しかし、ミクロの世界をどんどん追求して、ある程度解明できたとしても、それを組み合わせてできるものは、下等動物のミミズよりもさらに下等なものが造れるかどうかという程度です。人間の精巧さからすれば話になりません。さらに、人間には心というものがある。
　一方のマクロ的な研究でも同じことが言えます。分析に分析を重ねてわかったことをどう統合するか、それが現実（事実）に対してどういう意味を持っているか、もたらすのか、ここに大きな課題があります。

――それは武術に関しても同じことが言えそうですね。

宇城　そうなんです。技の細部にとらわれてそういうものの追求に時間をかけても、その本質に気がついていなければ役に立ちません。逆に理屈だけ頭でわかったつもりでも、身体を通してできなければ、武術としては意味がありません。両方の視点が欠かせないわけです。武術は武道に包含されている。そういう視点からの成長、進歩が大事だと思います。

依存他力から自力へ

――そこの足りない部分、できない部分を補う方法がフィードバックシステムですね。

宇城　細かく分析することは大事です。ただし、全体の輪郭も見えていないと、どっちも中途半端で役に立たないでしょう。そういうものには「普遍性」と呼べるほどのものはありません。部分を知ることも大事。逆に全体をつかむことも大事。しかし、もっとも大事なことはそれを検証しながら統合することです。広がりながら中心に向かう、中心に向かいながら広がる。これが武術の稽古ではないかと思います。武術の世界に限ったことではなく、あらゆることに通じると思います。

――「術」から「道」へもつながっていそうですね。

宇城 これには「依存他力」「自力」「他力」の各段階があると考えられます。「依存他力」というのは、自分の力が足りず、他人の力に頼るということです。

――いますね（笑）。

宇城 次の「自力」と言うのは、まさに読んだ通り、自分の力で何とかしようと。

――でも、まだ「守・破・離」で言うと「破」の段階ですね。

宇城 そうですね。次の段階が「他力」です。この場合の「他」というのは「他人」というような意味ではなく、大自然や宇宙、あるいはその真理というようなものと考えていいのでしょうね。そういう大きなものの中で渾然一体となって生きている、生かされている。

――言ってみると、ごくちっぽけな存在に過ぎないのだけれど、全く意味のない存在でもない。どれだけ価値のあるものにするかは己次第であるとも言えますね。

宇城 だからこそ、これでいいのだろうか、間違っていないだろうかと常に検証が必要になる。武術の世界も人の生き方も根本は同じということです。

――勝った、負けたなんて小さなことですね。

宇城 武術には本来、負けはあってはだめなんですよ。ですから、絶対に負けないという完璧な「守り」が欠かせないんです。負けたら次はないのですから。

―スポーツなら「次勝てばいいや」で済みますけどね。

宇城　そういう点からすると、「武術は防御である」とも言えます。

―なるほど、そうですね。

宇城　たしかに今は時代が昔とは違い、命のやりとりをするわけではありませんが、武術は本来そうした経験の中で作り上げられてきたものですね。その「重さ」「価値」を認めているからこそ、われわれは修業しているわけで、中途半端な取り組み方でその真髄に触れようとか、身につけようとかいうのはとんでもない話です。

現実には、半端な突きや蹴りの攻撃が、半端な防御を作っている。本来は真剣でなければならない。それが武術だと思います。

―それにしても宇城空手は空手でありながら、投げを自由自在に使いますよね。それもあの激しく速い動きの中で。しかもその動きは型に対する分析やフィードバックシステムを取り入れた独特の稽古法から生み出される。さらに先生の場合、そのステップアップの方法が道場以外の生活にまで色濃く反映されています。

宇城　日常生活のあり方やひいては生き方にまで自然に反映されるくらいではないと、武術だって無意識のうちに身体が反応するレベルにいかないでしょう。ましてや武道ですなどと、とても言えないです。そういうことに確実につなげていけるだけのものが武術にはあるということです。あとはそれをどう学ぶか。振り返ってみることですよね。まだ十分間に合うと思いますよ。

世界に発信できる力が武術にはある

瞬発力を生み出すエネルギー

――毎回、たいへんおもしろく興味深いお話を伺ってきたこのインタビューも、とうとう今回で最終回を迎えてしまいました。

宇城　今回は、大きく四項目に関してお話ししたいと思います。まず、一つ目は「瞬発力とエネルギー」についてです。突きというのは、拳を体側の辺りから相手の身体を狙って突くわけですが、相手が近づいてきて距離がゼロになった場合は、突きの威力もゼロになってしまいます。ところがわれわれの突きの場合はゼロにならないのです。

――先生の場合は「距離」が必要ないというか、関係ないからでしょうか。

宇城　そういうことですね。理屈的に言うと内部にエネルギーを溜めているわけです。ですから相手との距離は関係がない。相手と触れ合う程度の距離でもいいわけです。

――よく「突きを抑えてしまう」と言いますが、それも不可能ということですね。

宇城　そうです。一般的な突きは距離をゼロにすると、もうどうしようもなくなるわけですが、われわれの突きは内部にエネルギーを持っていて、ピストルにたとえるなら、引き金を引けば爆発する状態にあるわけです。

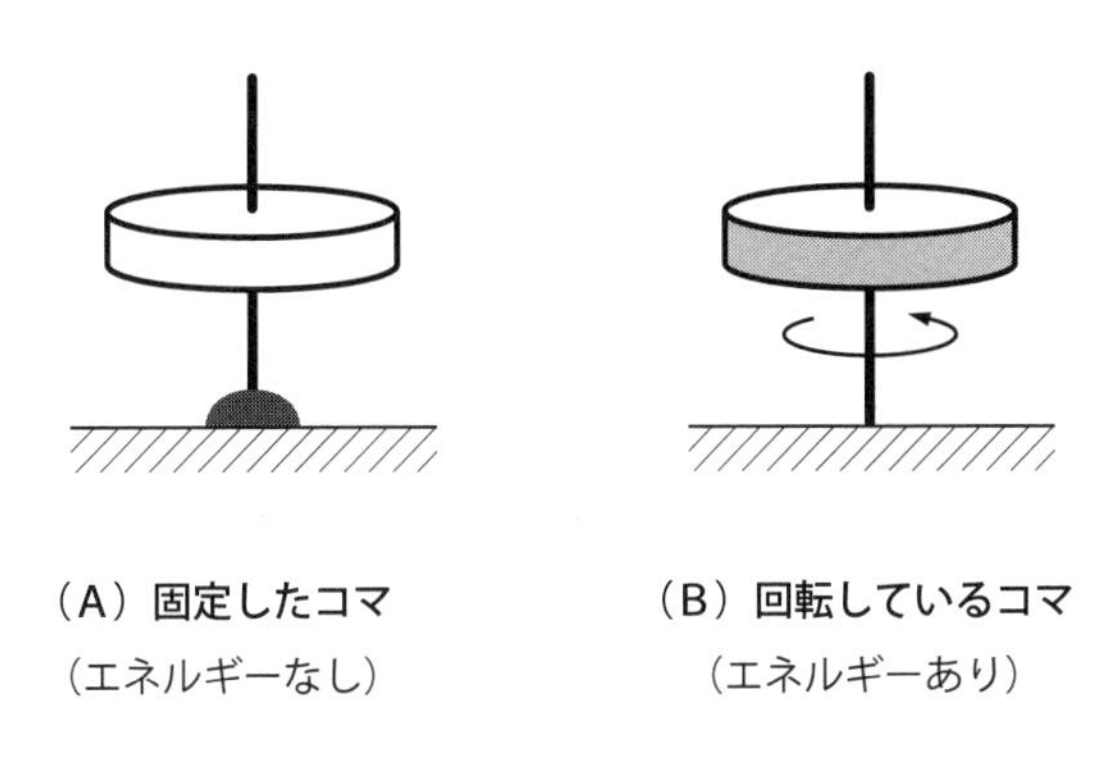

図 15.　瞬発力とそのエネルギーについて

金づちだと、くっつけたままでは釘が打てない。一回釘から離して打たないと威力が伝わらないですね。では、この移動する距離を必要としない、止まっていても大きな威力を秘めたこのエネルギーとはどんなものなのかをたとえで説明しますが、今ここに二つの独楽（こま）がありますね（図15）。（B）は回転している独楽ですが、止まっているように見えますね。（A）は固定されて動いていない独楽です。二つとも静止しているように見えるわけですが、両者の間には大きな差があります。

（B）の回転している独楽に何かが触れると、独楽はピシーッとはじきます。飛行機のプロペラは何十人もの人を乗せて運ぶ力を持つし、ジェットエンジンのターボファンだと五、六百人もの人数でも運ぶだけの力がありますね。そういうエネルギーが「回転」によって生み出されている。

それでは回転エネルギーというものはどこからくるのか――。独楽の場合はヒモを巻いて投げることによって生まれるわけですが、プロペラやターボファンはどうかと言うと、ガソリンをエンジンで燃焼させてそのエネルギーにしている。

――あれは一種の爆発のような……。

宇城　一般的な空手の突きにおける威力は、ある点からある点への距離を拳が移動することによって作られる。しかし、それは目標に向けて当てる、あるいは押し突きというような感がある。

――先生の突きは「押す力」とは明らかに違っていますからね。

宇城　われわれの突きは「瞬発力」ですね。

――瞬間的に爆発したような力ですね。

宇城　そうです。古伝の空手の突きの力はそういう力なのです。

――問題はその瞬発力がどこから生まれるのか、ですよね。独楽だったらヒモですけど。

宇城　言葉で表現するのは非常に難しいのですが、「実際にできる」という現実があるわけです。あえて説明すると、外形上は肩を中心に肘によって瞬発力を出す。一方腹を中心に足先に瞬発力を出すというような感じですが、内面的なものが伴わないと外形上だけではしゃくるだけで、力の突きとなり瞬発力になり得ません。

――先生の身体の中でそういう爆発が瞬間的に起こると。それが宇城先生の突きの中身なわけですね。

宇城　そういうことになりますね。その際、身体はできるだけ柔らかな状態――柔の状態にあるわけです。

――柔の状態でも、脱力状態ではないから十分なエネルギーを秘めている――。

宇城　そうなんですね。それを瞬間的に爆発させて「剛の力」に変えるのです。

――その「柔」と「剛」の状態を一瞬で自在に切り換えることができると。

宇城　「剛」のままで力を移動させても、押すような突きでは、たいした威力を生まない。瞬発力がないから簡単に受けられてしまいます。

――大きなエネルギーが生じているのでしょうね。

宇城　まだ言葉ではうまく表現できませんが、瞬発力の突き、技をかける瞬間、全身が熱くなります。逆に瞬時に身体全体を熱くすることもできます（実際触ってみると明らかに熱くなっているのがわかる）。エネルギー的な力が生まれているのではないでしょうかね。

――そのエネルギーが一気に伝わっていく……というより爆発させると、もう相手に届いてしまっているんでしょうね。

宇城　そういう感覚ですね。先ほどの独楽の場合と同様に、回転力が弱いと独楽もふらつきますよね。大きな力が働いている時ほど、大きな回転力を持つので止まっているように見える。瞬発力の突きの際の身体の状態もそれと同じ状態にあると言えると思います。

座波先生の突きなんてすごいですよ。瞬発力の上に重みがあるし、きついのです。これだと一発でやられるなと思いますね。八六歳の現在でも全くその威力は変わらない、年齢や体力に関係なくこういうことが可能だという証しでもあります。

――やっぱり、身体の中に大きなエネルギーを溜めておけるような身体の構造や、それを一瞬で爆発させるだけの感覚や集中力、それが「瞬発力」につながるものだろうと思いますが、体力や力ではなくて、そういうものを養っておくことこそ大事なんですね。

宇城　そういうことですね。師とは信念をもって学ぶことができる人でなければならないと思います。その師に応えんとすることが弟子の道だと思います。

――空手の突きには本来は「距離」はいらないと先生はおっしゃるのですが、今の突きのほとんどが、今ここにある拳を押している感が強い。そういうふうになってしまったのはなぜなのでしょうか。

宇城　頭でわかっていても、できる人がいないからそういうふうに教えてしまっているんでしょうね。自転車に乗るのに理論では教えられない。それよりも乗って見せて、それを見た者が「ああ、自分もああなりたい」と、そういう意欲を引き出してやることが肝心なんです。

私がこの瞬発力に気づいたのは、座波先生との組手を通してです。この突きを入れられたら一発でやられると身体で感じた。と同時に、どうしたら先生のような突きができるのかが頭から離れなかった。瞬発力の突きは一朝一夕でできるようなものではなく、日々の鍛錬を通して身体を練ることによって生まれます。

――それを見せられる人、見せて教えられることが必要とされるわけですね。

武術の上達はデジタル的である

宇城　二つ目は「上達とそのメカニズム」に関してです。武術空手とスポーツ空手を比較してみると、スポーツのほうは短い時間で上達することが求められるので、上達の仕方が右肩あがりのアナログ的なものになります。さらに筋力を主体としているスポーツには、長い目で見る

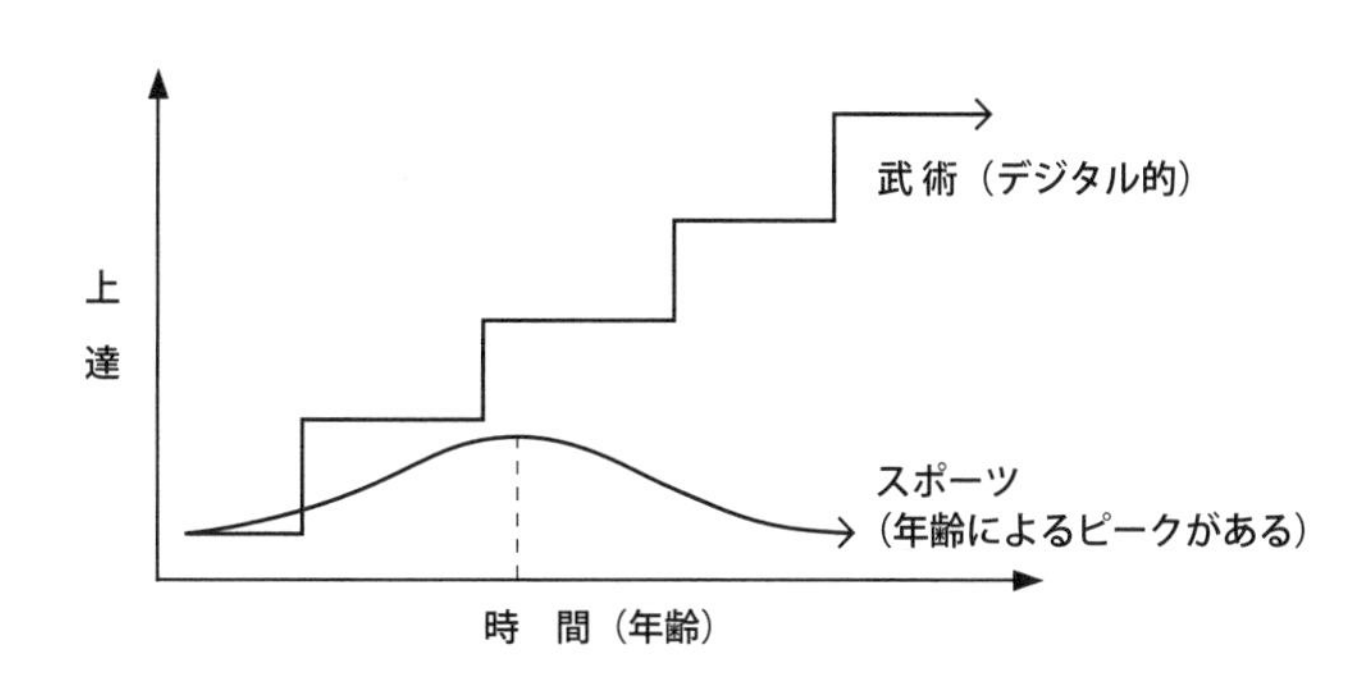

図16. 上達プロセス

と年齢によるピークがあります。

一方、武術のほうは非可逆的ステップアップでなければなりません。つまり「デジタル」ですね。後戻りしない上達は筋力よりも内面の働きによるものが大で、それ故に、年齢にピークがなく、年齢を重ねるほどかえってステップアップしていくと言えます（図16）。

一度自転車に乗れるようになれば、一生乗れます。元に戻ることはない。このように、デジタル式上達は、「できるか、できないか」の時間軸になる。ステップアップの前兆には、落ち込む状態が出てきます（次頁図17）。それが重要なんです。スピードスケートの世界でもありましたよね。刃の部分がスケート靴から離れた新しいものが開発されてきた。ところが、それに変えるとフォームだって変わるし、記録も一時的には落ちてしまう。なかなか決断できない。

――でも、思い切って早く取り組んだ人は、かなり記録がアップしましたね。

宇城　スポーツでも武術でも一時的な落ち込みは次のス

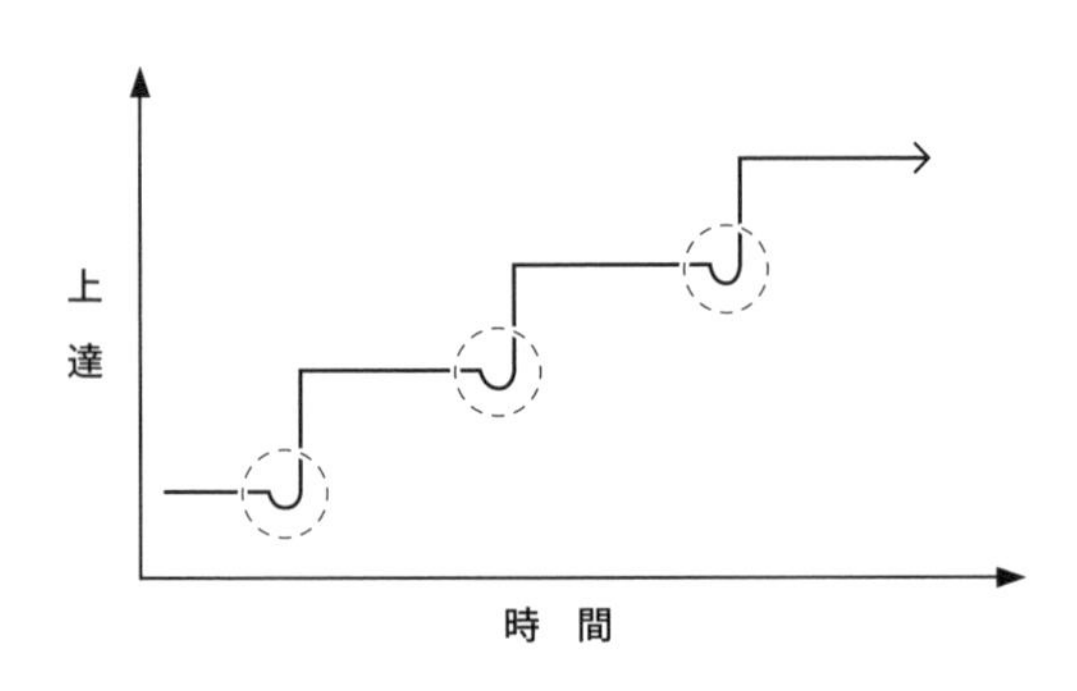

図17．ステップアップと前兆の落ち込み

テップへのジャンプの前兆なのです。ですから、変えることを恐れずに挑戦してみることです。一つのステップアップは横展開ですべてにプラスに影響します。言ってみれば、ステップアップというのは、ひとつの「悟り」「気づき」であって、それができた時の「充実感」があるから、きつくても続くのです。そこに永遠性がある。

創造力を武術で培う

宇城　三つ目は「創造と武術」についてです。無から有を生ずるエネルギーが「創造力」ですね。一月十九日（二〇〇〇年）、江崎玲於奈氏（一九七三年ノーベル物理学賞受賞者）の「日本の未来を創る」という講演会があったのですが、サブテーマが「情報受信国から発信国への道」でした。

　わかりやすく言うと、人が仕事を進める時、人から教えられた通りに間違いなく忠実に実行する人と、自ら問題と向き合って自分の考えで事を進める人の二つのタイプがあると。前者は分別があって知識獲得意欲も旺盛のフォロワー型である。それに対して後者は、創造力を持つ問題探究志向型のリーダー的存在である。日本の未来のためには、まさに前者より後者がより求められるというわけです。

私もその通りだと思います。

私はこの二五年間、企業の中で研究開発ということを主に手掛けてやってきたわけですが、その中で「無から有を生み出す」という充実感を何回か味わいました。

そういう経験を通して感じたことですが、新しいものを創り出す根源はひらめきで、知識とかアイデアではないように思います。先ほど説明したステップアップと全く同じです。ポーンと瞬間にステップアップする、すると今まで見えていなかったものが見えるようになる。不思議な感じがします。一種のエネルギーかもしれませんね。

創造というのは真面目で一生懸命の世界ではなく、真剣で集中力の世界だと思います。今まで、いろいろな開発にたずわってきましたが、たとえばエレクトロニクスの分野では、ＩＣは付きものです。

回路のパターン図（配線図）で畳三枚くらいの大きさのものが三ミリメートル角くらいの微小チップになる。開発は二年くらいかかる。その心臓部とも言うべきＩＣを使って製品を完成させる。それゆえに時間的なところで失敗が許されない世界です。まさに「時間を抜きにした技術は遊びである」の通りです。武術の世界と全く同じです。

――先生の発想や生き方というのは、ぎりぎりのところで研究・開発に取り組んできたことや、武術が持つ独特なあり様の中で培われてきたわけですね。

宇城　ええ、そうですね。そういうことをやり遂げると「充実感」も大きいし、自信も生まれますよね。前回、「守・破・離」ということをお話ししましたが、「守」というのは、基本を徹底的に身につけることですが、決して学校教育で習うような知識を詰め込むことではない。身体を通してやることがいちばん大事なのです。

身体を通して学ぶ、覚える、真似る。そしてそれができてきたら、新しい考え方も芽生えてくる。それが「破」です。その「破」のレベルが確立して認められた時が「離」ですね。そういうステップを踏むことが、プロフェッショナルになるということだと思います。

――まさに「守・破・離」というのは「無から有を生む」というシステムとぴったり重なりますね。

宇城　その通りなんです。ＩＣの開発でアメリカのサンノゼ（シリコンバレー）に行っている時、「宇城のそういう発想や自信はどこからくるんだ」とよく聞かれました。

――それは武術によるものが大きいと先生は胸を張って言えると。言い換えると、発信できるものがある、と。

武道には時間スケールを大きくする力がある

宇城　四つ目は「価値観」ということ。人にはそれぞれ時間のスケールがあり、そのスケールによって価値観は変わります（図18）。その時間のスケールはものの見方や考え方によって大き

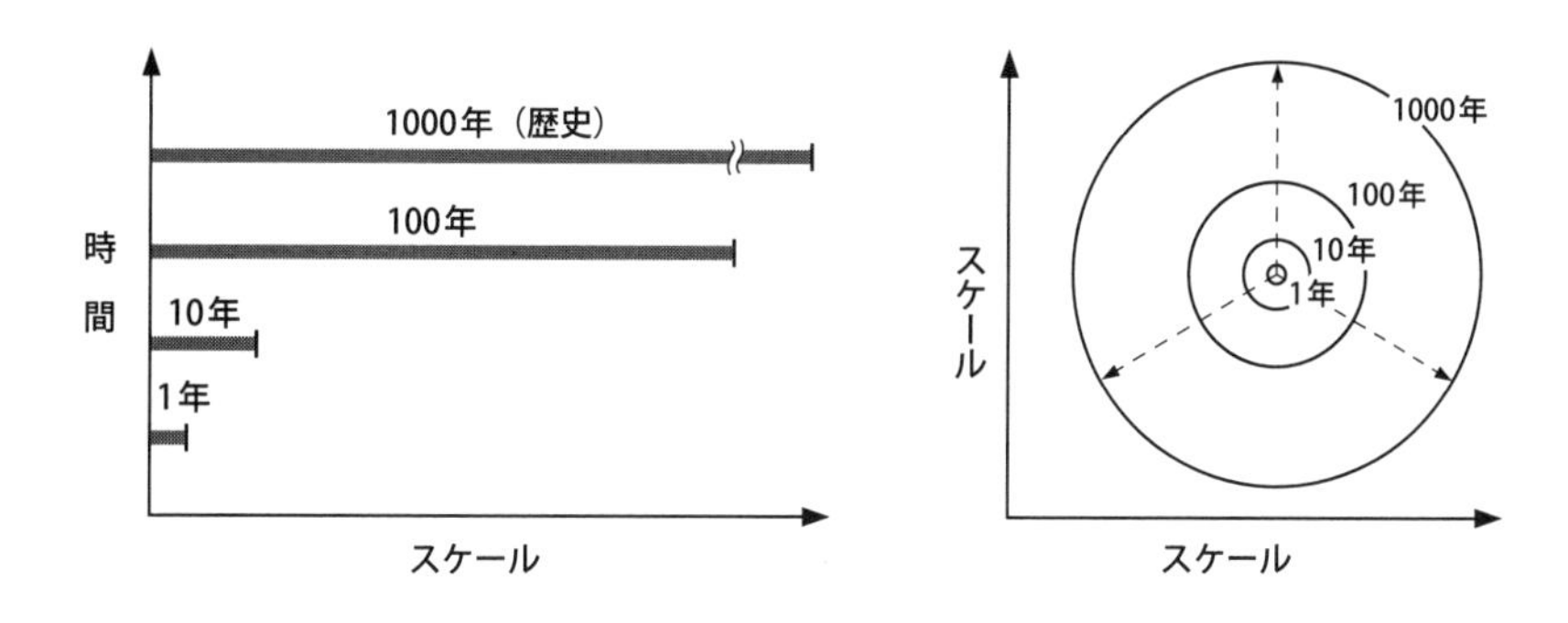

図18. 時間スケールと価値観

く左右されます。

相対的なものの見方や考え方はどうしても時間スケールが小さくなる。勝ち負けにこだわることもその一例です。勝ち負けは全く意味のないものではありませんが、それを超越したところまでいかないと時間のスケールは大きくなっていきません。

「悟り」とか「気づき」というものは絶対的な時間のスケールを持つ世界です。できれば地球規模で物事を考える。今大気汚染や環境の問題が言われていますが、非常に対応が遅いですね。建前と本音の使い分けをし過ぎる。いずれ自分に返ってくるという実感が持てないんですね。自分の身の回りのことばかりにとらわれ過ぎているのではないでしょうか。

――時間のスケールが小さい――。

宇城　そうです。もっと大きなスケールで世界を見ないとグローバルな時代には対応できません。

これまでのやり方はもう臨界点にきているのではないでしょうか。そういう中で、日本文化である武術には時間スケールを大きくするエネルギーがある。

——武術の持つそういう特性が日本人自身にあまり理解されていない。武術は日本人にとって大変な価値を持つ文化であるということが自覚されていないんでしょうね。科学や技術という面で西洋的なものに追いつけ追い越せばかりを目指してきたツケかもしれませんね。

宇城　武術には創造力を培うシステムやエネルギーがあるんです。それゆえに、武術は今日までも受け継がれてきたのだと思います。

——中国はともかく、他では例がないですよね。

宇城　それだけ日本人の体質に合っているということです。われわれ日本人の中にそうしたDNAがあると言っても過言ではないと思います。で、先ほどいろいろな点で臨界点に達していると言いましたが、それでもなかなか自分から変わろうとしませんよね。

——世界の動きのほうが先行していて後追いしかできない——。

宇城　とくに日本の組織というのは変わりませんね。世界がグローバル化していくなかで、時間スケールの水平統合化がどんどん始まっていくのではないかと思っています。

——日本の組織はなかなか変われないから取り残されてしまう。

宇城　ところが、そういう組織のあり方に疑問を感じている人たちがいる。水平統合していくと今までの組織は確実に変わってきます。すなわち今までは垂直統合でしたよね。組織の中で上に登ろうと思ったら、それなりのしきたりを踏まえていかなければならなかった。はみ出すことは許されなかったわけですね。でも、もうそれでは世界では通用しない。
前に進もうとすると、疑問が出てくる。そして、それを乗り越えようとするエネルギーが働き出す。それは年令ではなく、心のあり方だと思います。そういうエネルギーを持った人たちが、希望を見出す方向へ向かって歩み出すと思うのです。そういう人たちの統合、それが水平統合です。

——武術はそういうエネルギーを生み出すシステムを持っているのだから、その中で培った強い身体やスケールの大きな考え方や生き方を社会の中に世界にもっと発信すべきであると。

宇城　そう思います。小さなところでいつまでもごちゃごちゃとやっている時代ではなくなっているんです。時々座波先生が冗談も含めてよく「喧嘩してこい」と言われますが、稽古とは違う部分の経験を積めということですね。もちろん、武術は使わずに済めばそれにこしたことはない。ただ、それくらいまでぎりぎりに突き詰めた稽古をしていないと、肝心なものが見えてこない。そういう覚悟が必要ですね。

——中途半端にやったのでは、技ももちろん、武術の持つ普遍的な哲学なんて到底理解できない。

宇城　スポーツは三十歳くらいになったらほとんどが引退ですよ。武術のエネルギーは年齢なんて関係なくどんどん高めていけるわけです。私はそれを武術空手から学びました。

——その偉大な価値をこれからどんどんいろいろな面で発信していかれると。

宇城　意欲のある心の若い人たちと一緒にこの輪を世界中に発信していきたいですね。（終）

第七章

それからの宇城空手

存在するのは常に今だけ

本書の大きな意義は、二十年前（二〇〇〇年）を振り返り、今（二〇二〇年）がどう変化したのかを、本章「それからの宇城空手」を追記することで総括しているところにあります。

それはまさしく「変化」こそが、私が持論としている

「進歩成長とは変化することである
変化するとは深さを知ることである
深さを知るとは謙虚になることである」

というプロセスにあるからです。

年を重ねる、いろいろな体験を積むなど、生きて生活していること自体、有無を言わさず変化であると言えます。

しかし、ここで言う「変化」とは、日本文化の根源とも言うべき武術を通しての「変化」であり、その具体的な武術稽古のあり方を「事理一致」の実践に照らし合わせて吟味・考察したものが、本章「それからの宇城空手」です。

「事理一致」とは、殺傷道具である刀を「戦わずして勝つ」という境地まで高めるという、まさに理想を現実にした江戸時代の剣聖が実践した稽古理念です。事は理との関係性を持ちなが

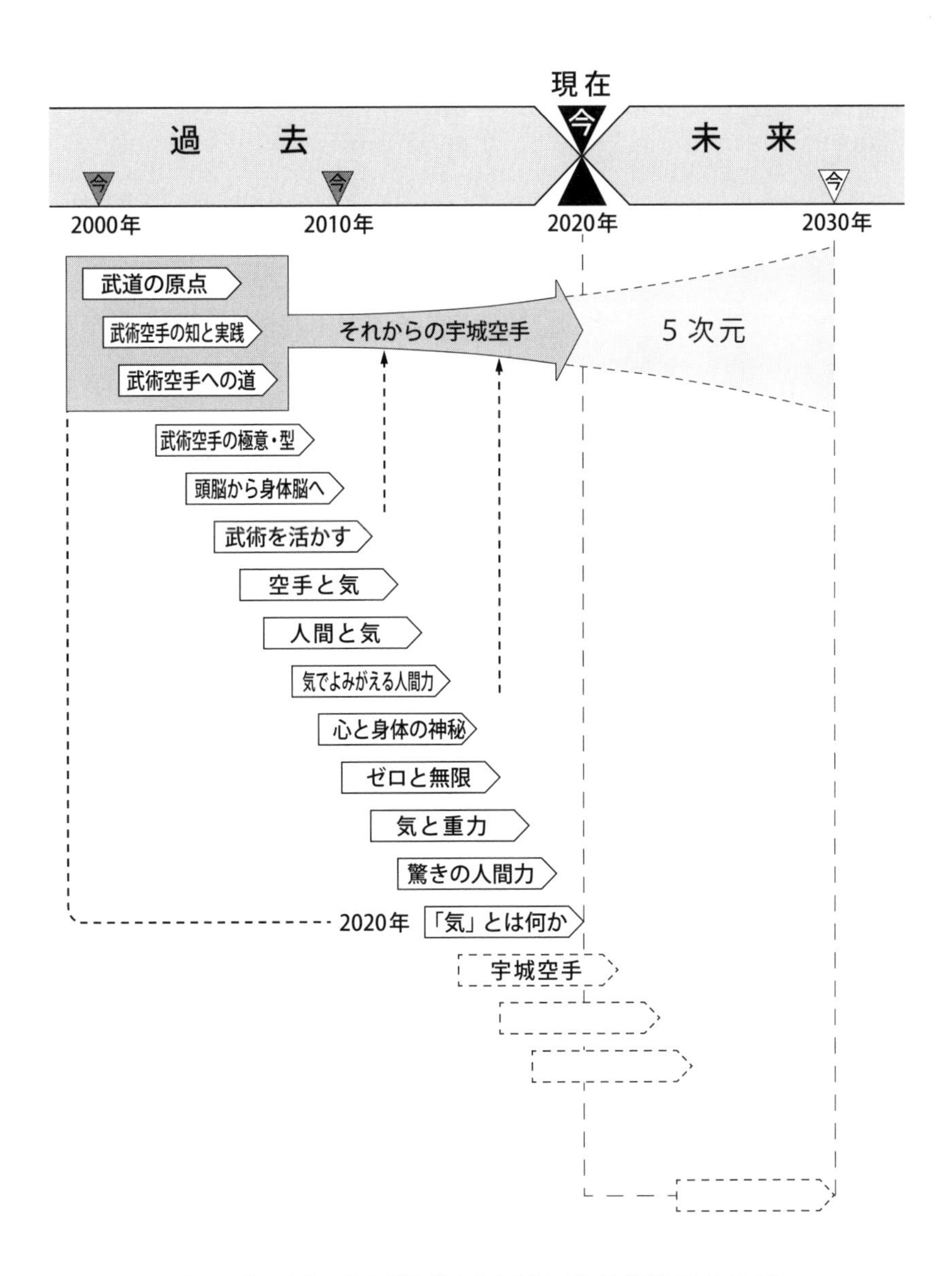

図19.　今の変化の積み重ねが未来を創る5次元（4次元＋重力）

ら、また理は事との関係性を持ちながら、それぞれの事と理が相まって変化していきます。その変化を深さに向かわせる根源が「心」の働きにあり、その究極にあるのが「謙虚」さだということです。まさにこの事理一致の稽古で得られるものは理屈ではなく、同時進行で起こる心身一致の行動です。

そこに向かっていくことが修業であり、進歩成長だと思います。

しかし、その変化も、まさに存在する「今」の積み重ねです。その積み重ねの変化を上昇に向かわせるプロセスが、「事理一致」を通しての修業にあります。

事理一致が生み出す場

「事」とは空手で言えば、具体的な所作であったり、技であったり、術であったりするわけですが、その「事」を実践する上での絶対的存在として伝統の型があります。そこから派生して分解組手や応用組手、基本などがあります。しかし、ここで大事なことは、独立してある「事」ではなく、あくまでも「理」に寄り添ってある「事」であるということです。

つまり、具体的な実践行動としての「事」を「理」が導きながら、ということです。

もし「事」が「理」に寄り添っていなければ、脱線する可能性もあるということです。

端的に言えば、銃や武器を持っている人がそれらをどう使うかというのは、心のあり方次第だというようなものです。銃や武器はどういう理由があっても殺傷道具であることに変わりありません。それは日本刀も同じで、これまで殺傷道具として実際に戦国、江戸時代と使用されてきました。しかし、江戸時代において、山岡鉄舟の無刀流や、新陰流の無想流などに見られるように、大きく変化していきました。つまり、人を活かすという次元にまで高めていったということです。まさにそれこそが「事理一致」の修業を通しての変化です。「事理一致」のあり方は次のように説かれています。

――『剣禅一如　沢庵和尚の教え』（結城令聞）より

『殺すための除去ではなくて、生かすための場所変えでなければならぬのである。従来の方向のままでは、皆が死んでしまわねばならぬから、皆を生かすために、方向を変更したのである。方向の変更から来る変動は、生んがための忍苦なのである。この正しき方向を取ることが理の修行なのである。』

また沢庵は、

『・・・（略）いかに心の理を知っても、その実際面が自由にはたらかぬようでは、それは単なる抽象に堕して威力とはならないであろう。しかしそれだからといって、逆に技術的には優秀であっても、もし理に暗いようでは、遂に道に契うことが出来ず、折角の努力も、剣の正道、剣の魂を得る能わずして徒爾に終るであろうと戒めているのである。』

と述べています。

まさにその通りだと思います。

「事」の修業は日常の中でも、業務や仕事という形で誰もがやっていることですが、こと「理」となると難しいところがあります。「理」としていることがあるとすれば、宗教などがそれにあたるかも知れませんが、現実として「事」と「理」の内容のバランスがあまりに別々すぎて、「事理一致」という一体にはなり得ないものです。

やはり「事」と「理」は、事を少し先行させて、すなわち身体を通して自分の中に芽生えてくるものから見えてくる真実、そしてその奥にある真理に近づく一致でなければならないと思います。

二十年前からの延長線上の今

二十年前に語っている内容なのに、その本質は全くぶれていないことに改めて気づかされます。

いくら変化があったとしても、その本質がぶれていれば、その「変化」の意味が全く違ってきます。すなわち、ぶれるということは「理」がないということであり、もしあるとしても自分勝手な理に陥っていると言えます。そのため実際の「事」と合わず、ちぐはぐになってしまっているということです。

たとえば、空手において威力のある突きを身につけようとした時、若い時は筋力アップによってパワーを得ようとします。しかしそのままのあり方で年を重ねたら、その力は衰えていくことは誰にもわかることです。いずれ来る未来に対して考えを及ばせることなく、今のパワーアップだけに集中し続ければ、それはすなわち思考の居付きなのですが、年を取って気づいた時はすでに遅しです。

今の努力が未来につながるあり方、そしてそれを身につける修業、稽古のプロセスに「事理一致」の教えがあります。

今の常識にある筋力パワーアップの力に頼ることなく、それ以上の力を生む力とは何か。それがゼロ化であったり、究極の「気」であったりするわけですが、そのあり方は二十年前の三冊の本と、それ以降に出版してきた数々の著作の中で述べているところです。

昔も今もぶれないところに、その積み重ねとして今の力があるわけです。

その力とは、触れずに何十人もの人を動かしたり、相手を無力化したりする力ですが、これもＤＶＤなどの実践動画で、その実際を見ることができますので、参考にしていただければと思います。

このような目に見えない力、すなわちエネルギーこそが「気」ですが、すでに二十年前に、その「気」を極めるプロセスを「事」の中に読み取っていたことがわかります。その事が理を導き出し、両者が相まって、今に至っていることがよくわかります。

「気」は、今の中にある未来を先取りできる

「気」についての詳細は、すでに『宇城憲治が自在にする「気」とは何か』(二〇二〇年刊)に述べていますが、現状は、今の科学が認めようとしない、認めようとしてもその理論が成り立たないなどの理由で、科学の世界における「気」の扱いは完全にストップした状況にあるということです。

しかし目には見えないけれど「気」は確実に存在しているのです。

「気のエネルギー」は調和・融合によって生まれるエネルギーであり、かつ誰にも存在しているエネルギーであることが、これまでの実証から明確な事実としてわかっています。

これまで武術の修業のお陰で「事」が先行し、「理」が後追いという「行動先にありき」の生き方を実践してきましたが、宇城空手二十年の歩みの中で「気」のエネルギーの無限性に気づいたことで、すべてとの調和こそが、エネルギーを生み、その度合いがエネルギーの強さになるということが見えてきました。

こうした「気」に対し、同じく目に見えないが確実に存在しているのが、現在世界にパンデミックを引き起こしている新型コロナウイルスです。このウイルスは最終的には肺炎を引き起こし人を死に追いやります。発生から数ヵ月経った今現在、世界の科学、医療をもってしても太刀打ちができず、まさにそれは未知の世界にある負のエネルギーと言えます。

さらにこの地球上で起きてきた、また起こるであろう大地震、大津波、大噴火などの自然災害や、異常気象、砂漠化、戦争、格差貧困、さらには原発事故などの人災も、すべて私たち人間にとっては負のエネルギーです。

今、私たちを苦しめている、こうした目に見えない負のエネルギーに対して人間はどう向き合うべきか。そういう現状の中で、同じく目には見えないけれど「気」という未知の正のエネルギーがあることも確信できています。これからの私たちのあり方を検証した時、今を四次元とするならば、「気」によって引き出され正のエネルギーを生み出す重力を備えた五次元へパラダイムシフトすることだと思います。

それとスピードです。たとえば勢いある河の流れを止めようとする時は、小さな石ころをいくら投げ入れても流されてしまいます。まずは大きな石を投げ入れ、流れの勢いを弱くし、その後に小さい石を投げ入れて止めていくという方法が必要となります。これがスピードです。

人生も同じで「上り坂、下り坂」そして「まさか」があります。この「まさか」には肚が据わるという覚悟と、優先順位を瞬時に決められる機転というスピードが必要です。それにはピンチとチャンスが同居している危機に対する普段からの心構えと備えが必要です。「備えあれば憂いなし」です。

気に満ちた身体、37兆個の細胞は、今の中にある未来のあるべき姿を教えてくれています。すなわち私たちのあり方に謙虚さが加われば、「生きている」から「生かされている」に気づくことができます。この大局に身を置けばスピードは生まれるのです。

「気」の実践から見える五次元世界

五次元世界へのパラダイムシフトとは、すなわち今の常識や概念、価値感を劇的に変化させるということですが、それは決して大げさなことではなく、今の現状である四次元が最も失ったものを取り戻す、つまり人間性を取り戻すことで可能な世界です。なぜなら今の私たちは、物の豊かさは得たけれども、一方で心の豊かさが希薄になっているからです。

なぜ心なのか。それは人の心は境をなくし、絆（きずな）や調和を生み、融合する力があるからです。誰もが行なっている感謝や祈りにもそういう力があります。

「気」は人間の個を成している37兆個の細胞にあえて能動的に働きかけ、今の常識や科学にない未知の正のエネルギーを生み出すことができます。また、「気」は連鎖するという調和と絆を生むことも実証できています。

これはたとえば、相手を投げるという実践で検証できます。今の常識で見るならば、「投げた」は「勝った」であり、「投げられた」は「負けた」となります。しかし、「気」で投げられると、投げられた人がまた別の人を投げることができ、それは次から次に連鎖していきます。これに対し、力で投げた場合はその一人で終わりです。

また、一人の人を持ち上げるを例に取ると、体重は同じはずなのに、「気」をかけると重たくなり、持ち上がらなくなります。今の常識では考えられないことですが、誰でも体験することができます。すなわち体重が同じで、重たくなるということは、「重力」という力が働いているということです。重力は宇宙、地球に存在するエネルギーです。先ほどの投げの連鎖もやはり重力によることで説明はつきます。

「気」はこのように自然界の重力に能動的に働きかけ、あらゆるものとの結びつきを強くし、今の常識にない力やエネルギーを生み出すことができます。

そうした変化を生む根源は「心」にあります。理屈や頭で作った「心」ではなく「真心」です。今世界で起きている多くの自然災害や原発事故のような人災は、ある意味、地球からの私たち人間への警告であると言えます。裏を返せば、もっと自分たちの居場所を大事にしなさい、仲良くしなさい、という地球からの愛のメッセージとも言えます。「それに気づくか、気づかないか」は、私たち人間次第です。今こそ、この心のあり方に一人ひとりが目覚め、行動する時だと思います。

誰もができる感謝、祈り、思いやり、寄り添うなどの心もまさに、正のエネルギーを生む根源です。

大切なのは元気、勇気、やる気など、日本文化の根源にある「気」を取り戻し大事にすること、「気」を取り戻すとは非常にシンプルなことで、「心なし」から「心あり」にすることです。

心は目に見えませんが、相手に寄り添うなどの行動によって見えてきます。そこに向かう行動、勇気こそ、十年後、二十年後の未来につながる希望だと思います。すなわち「人間の幸せの法則」です。

私たちはこの世に生を受けてから世を去るまで、時間という生きた線でつながれています。その線も瞬間瞬間という「今」の連続であり、そのあり方次第で今の点は面にも立体にもなります。すなわち一次元から二次元、三次元、そして四次元にもなるということです。

ただ、今の四次元には大きな課題があります。それは私たち人間が作り出した、自分さえよければという欲からくる課題だと言っても過言ではありません。それ故、大事なことは、「人間とは何か」に立ち帰り、「心」を取り戻すことです。ここに希望ある未来をスタートさせることができると思っています。まさに、今がパラダイムシフトすべき時です。そう思えるのは、「気」の存在と「気の実証」によって今の四次元における常識や科学にない世界を確信できているからです。

まさに、この今も未来につながる生きた時間として、さらなる覚悟をもって臨みたいと思います。

あとがき

本書の一章から五章までは、約二十年前に出版した三冊の本の、それぞれの要点となっているところを抽出し、さらなる深さへの追求ができるようにまとめたものです。とくに最初に出した『武道の原点』は、私が空手を始めたきっかけも含んでおり、そういう意味では約五十年以上前を振り返ったものということになります。

第六章は、武道全般に精通したライターの別宮三敬さんの問いかけに答えたインタビューですが、今改めて読み返して懐かしく思い出されるのが、別宮さんの柔らかな笑顔の中にも的を得た鋭い問いです。その真剣さもあって、当時、自分なりの迷いのない攻防一如の回答をしていたという感があります。その内容には今更ながら新鮮さを感じる次第です。

第七章は今回追記した章で、「それからの宇城空手」と題し、この二十年を振り返って総括したものですが、もっとも注目すべきは、過去と現在のつながりに迷いがないということです。つまりそこに、しっかりしたぶれないものが一貫してあったということです。それは、その根源に武術空手があったこと、そしてその武術稽古に絶対欠かせない「事理一致」の稽古があったからこそだと思います。とくに理の働きは大きく、そのことによって、その先にある未来が見えてきたということです。

毎月の国内各所での空手実践塾、また年間を通してのアメリカ、ヨーロッパ、アジア各国の空手セミナー活動の中で、とくに実感し、かつ真に迫るものとしてあったのが、宇城空手を通しての意識変化にありました。それは私たち誰もが心に抱いている「自分たちは何を求めているのか」という問いへの目覚めです。まさにその問いに本書が明確な答えを出せたということです。

すなわち「幸せとは何か」という問いへの答えです。

この二十年間の「事理一致」の稽古と、無から有を生じるエネルギー「気」によって見えてきたもの、その究極は「調和する」ということです。それはまさに今ある現在社会の主流とも言うべき「対立」とは真反対の構図です。「対立」の根源には「自分さえ良ければ」という欲があり、それがあらゆる不幸の要因となっています。一方、調和という寄り添う心や、思いやりは絆を生み、幸せの源泉として大きな正のエネルギーを生み出します。

それこそが「幸福の法則」です。目に見えない未知のエネルギーには、正と負の両方が存在しています。この幸福の法則の実践には、正のエネルギーを生み出していくことが必要であり、そのためには「他尊自信」の精神と実践を通して地球との絆をより強くしていかねばなりません。そうしなければならないことを私たちの身体はすでに知っているのです。まだそのことに気づいていていないだけです。

また、この正のエネルギーを生み出す根源は「重力」にあるということです。重力は宇宙の根源でもありますが、大事なことは、今よりさらに強い調和力を生み出す重力を得るために、今の四次元から、その先にある五次元へパラダイムシフトすることです。そしてそこに向かう道筋と具体的な実践方法を本書は総括しています。

以下は、二〇一一年十一月、創心館創設にあたり、塾生にあてたメッセージです。今まさに必要なことであると感じ、ここに記します。


「怯える」ことと「身の危険を感じる」ことは、別次元のものであると知るべし。

「怯え」は自らを殻に閉じ込め精気を奪い、

「身の危険の感知」は自ら歩む道を照らす光となる。

それはまさに懐に抱く守り刀となる。


「身の危険の感知」に素直に心をあずければ、自ずとそこに生きる術(すべ)を得るであろう。

日本が直面している国難と真のリーダーの不在は、さらなる困難をもたらすだろう。

次なる天災に限らず、より重大な危機にさらされるやも知れぬ。

母なる地球に生かされている我々人類は最高の叡智を与えられ、
この地球上に存在しているのである、ということをよくよく心得るべし。
地球のすべての大難を終息させ、世界を平和へ導く道はただ一つ……。

すべての我欲を超越し、「調和」することである。
調和は愛によって生まれ、愛の根源は心である。
その叡智の発動に至る「心身を創る修行の場」として、
宇城塾　総本部道場　創心館を創設した。
ここに学ぶすべての塾生が「一人革命」の覚悟をもって
世界へ羽ばたく人間にならんことを切に願う――

二〇二〇年六月

創心館館長　宇城憲治

宇城憲治 うしろ けんじ

1949年 宮崎県小林市生まれ。1967 年宮崎大学入学と同時に空手部に入部。最年少で第二回全日本空手道選手権に出場するも競技空手に疑問を感じ、大学卒業後心道会座波仁吉宗家に身近に接し直接指導を受ける。1982 年全剣連居合道に入門し 50 回以上の優勝をかざる。
エレクトロニクス分野の技術者として、ビデオ機器はじめ衛星携帯電話などの電源や数々の新技術開発に携わり、数多くの特許を取得。また、経営者としても国内外のビジネス界第一線で活躍。一方で、厳しい武道修業に専念し、まさに文武両道の日々を送る。
1986年 由村電器㈱ 技術研究所所長、1991年 同常務取締役、1996年 東軽電工㈱ 代表取締役、1997年 加賀コンポーネント㈱ 代表取締役。2008年 ㈱UK実践塾 代表取締役。
現在は徹底した文武両道の生き様と武術の究極「気」によって人々の潜在能力を開発する指導に専念。宇城空手塾、宇城道塾、親子塾、高校野球塾、各企業・学校講演、プロ・アマ スポーツ塾などで、「学ぶ・教える」から「気づく・気づかせる」の指導を展開中。著書・DVD 多数。

㈱UK実践塾 代表取締役
宇城塾総本部道場 創心館館長

創心館空手道 範士九段
全剣連居合道 教士七段（無双直伝英信流）

UK実践塾ホームページ　http://www.uk-jj.com

〈参考文献〉

『攻防拳法 空手道入門』 摩文仁賢和 仲宗根源和共著　榕樹社　1996 年
『剣禅一如　沢庵和尚の教え』 結城令聞　大東出版社　2003 年
『山岡鉄舟　剣禅話』 高野澄訳　徳間書店　1971 年
『沖縄空手列伝百人』 発行者 外間哲弘　2001 年
『沖縄の歴史と旅』ＰＨＰエル新書　陳舜臣　ＰＨＰ研究所　2002 年
『人を動かす』 デール・カーネギー　創元社　1999 年

宇城道塾

東京・大阪・仙台・名古屋・和歌山・岡山・熊本で開催。随時入塾を受け付けています。
宇城道塾ホームページ　http://www.dou-shuppan.com/dou
事務局　TEL: 042-766-1117　Email: do-juku@dou-shuppan.com

空手実践塾

空手実践塾は、日本国内、海外で定期的に稽古が行なわれています。
現在、入塾は、宇城道塾生に限られています。詳しくは、宇城道塾事務局か、ＵＫ実践塾までお問い合わせください。

〈日本国内〉東京、大阪、三重、長野、福岡、福島、大分（各支部）
〈海外セミナー〉（アメリカ）シアトル支部、ニューヨーク支部
（ヨーロッパ）ベルリン支部、ハンガリー、イタリア、スイス、フランス
（アジア）カンボジア CLA 校

武術の実践哲学　宇城空手

2020 年 6 月 24 日　初版第 1 刷発行

宇城憲治著

定　価　本体価格 2,800 円
発行者　渕上郁子
発行所　株式会社 どう出版
〒 252-0313　神奈川県相模原市南区松が枝町 14-17-103
電話　042-748-2423（営業）　042-748-1240（編集）
http://www.dou-shuppan.com
印刷所　株式会社シナノパブリッシングプレス

　ISBN978-4-910001-07-4